우아하게
나이들기

| 학산 이상규 **지음** |

도서출판 **배조음**

 머리말

근년에 들어 우리나라는 노령인구의 급증으로 고령사
회高齡社會에 발을 디디게 됨에 따라 노인을 둘러싼 문
제들이 사회문제의 중요한 이슈(issue)로 부각하게 되었
다. 사회문제로 부각되었다는 것은 사회문제로 다루어
해결하지 않으면 안 될 만큼 심각한 문제가 많아졌다
는 뜻이다. 20세기 말엽까지만 해도 웰빙(well being)이
화제에 많이 오르내렸는가 하면, 21세기가 막을 올리
자 가는 곳마다 힐링(heeling)으로 꽃을 피우더니, 그것
도 한동안의 일로 그치고, 웰다잉(well dying)이 뒤를 잇
는가 싶다가 바로 잠잠해지고 말았다. 그러나 여기에
한 가지 주목할 만한 점은 웰빙에서 웰다잉에 이르기
까지 한 때 세인世人의 관심을 끌었던 문제의 중심에서

언제나 고령자가 빠지지 않았다는 점이다.

OECD의 통계에 의하면, 회원국의 노인들 가운데 가장 오랜 기간 일을 하고 빈곤층이 가장 많은 나라는 한국이라고 한다. 그렇지 않아도 노인들은 건강상 문제와 정신적 문제를 비롯하여 사회적인 문제 등으로 말미암아 마음이 편할 날이 없는 경우가 많다. 그런데, 설상가상으로 빈곤 문제까지 한몫을 한다니, 한국 노인들의 처지를 짐작하고도 남음이 있는 일이다. 사람은 뭐니 뭐니 해도 먹고사는 문제가 우선순위의 앞자리를 차지한다. 오죽하면, 금강산도 식후경이라 했겠는가! 그렇지 않아도 노인이 되면 누구나 할 것 없이 면역력이 감퇴하고 기력이 저하되며 갖가지 만성적인 병으로 말미암아 근심이 많으며, 급격한 주변 사정의 변화로 인하여 외로움과 무료함을 달고 사는 것이 보통인데, 경제적 어려움까지 가세하니 노인들의 당면한 현실이 어떠한지를 짐작할 만하다. 사실, 미리 늙어본 사람은 하나도 없다. 그래서 노인은 소외감이나 불안을 달고 사는지도 모른다. 마치, 한 번도 가본 일이 없는 외진 길을 홀로 가자면 고독하고 불안한 것과 마찬가지 아닐까 싶다.

생겨난 까닭에 노병사老病死가 따르고, 태어나 살아왔기에 나이 들어 늙고, 늙은 만큼 병들고 죽음이 가까워진 것이다. 생겨남과 죽음은 각자의 생각과는 무관한 일이지만, 생겨남과 죽음 사이는 온전히 우리의 마음에 따라 삶이라는 이름으로 채워진 것임이 틀림없다. 그러니, 사람이 나이 들어 노인의 칭호를 달게 된 것은 나름대로 큰 보람인 셈이며, 노인에게 남은 것이란 오직 노사老死 문제일 뿐이다. 실상을 알고 보면 우주의 만상치고 성주괴멸成住壞滅의 과정 밖에 있는 것은 하나도 없다. 모든 것은 인연이 닿아 생겨나면 그것 나름의 머무름과 변화의 과정을 거쳐 기간의 길고 짧음에 관계없이 반드시 사라져 본래의 상태로 돌아가는 것이 우주의 섭리이다.

인생에 있어 노인은 죽음에 가장 근접한 위치에 있는 것이 사실이지만, 그 노령기老齡期를 우아하고 값지게 보낼 것인지, 외로움에 사로잡힌 근심 속의 나날을 보낼 것인지는 오로지 각자가 선택할 몫이라고 할 수 있다. 미수米壽를 보낸 필자는 나름의 경험과 주변에 있는 친지들의 입장 및 외국 간행물 등을 통해서 습득한 것들을 종합하여 노인이 조금이라도 더 값지고 보람 있는 여생을 즐길 수 있는 길잡이를 그려보는 것이 하나의 의무처럼 느껴졌다. 그러한 뜻을 관철해 보려고 그려본 것이 이 조그마한 책의 형식을 갖추었으나, 범을 그려보겠다는 것이 동네에서 흔히 보는 개를 그린 꼴이 된 것이 아닌지 적이 걱정스럽다. 독자의 혜안慧眼으로 살펴주신다면 그에 더한 고마움이 없겠다.

이 책을 내기까지 여러모로 도움을 주신 분들에게 감사하면서, 항상 필자의 책을 정성 들여 출판해 주신 출판사 해조음의 이주현 사장께 깊이 감사드리고 편집과 교정 등을 위하여 애써주신 해조음의 여러분에게 고마운 뜻을 전한다.

辛丑年을 맞아
丹心齋에서 학산 씀

▌ 일러두기

1. 될 수 있는 대로 이해하기 쉬운 평이한 일상용어로 표현하도록 노력하였다.

2. 가능한 한 한글전용에 힘썼으나, 혼동의 염려가 있는 부분은 괄호 안에 한자나 영문을 표시하되, 한자문 등을 풀어 쓴 곳에는 한자문을 대괄호[ ]로 묶어 넣었다.

3. 각주의 쪽 표시에 있어 외국 서적의 경우는 p. 또는 pp.로, 국내 서적이나 한글 표기의 경우는 '쪽'으로 하였다.

4. 근래에 '노인' 또는 '고령자'라는 용어에 대한 거부감이 있다는 이유로 '어르신' 등으로 개칭改稱하자는 주장이 일부 언론을 중심으로 제기되고 있으나, 이 책에서는 우리나라의 현행법現行法 상의 용어에 따라 '노인'과 '고령자'라는 용어를 병용倂用하기로 하였다.

차례

제6장 노인문제의 전망

글을 맺으며

찾아보기

필자가 이 글을 쓰기로 마음먹은 데에는 직접적인 동기가 있다. 가까운 친구로부터 받은 영향이다. 중학시절부터 아주 가까이 지내온 친구가 있는데, 평소에 아주 건강한 체질이어서 그는 필자를 만날 때마다 늘 내 건강을 염려하곤 하였다. 그러던 그가 80을 넘기면서 갑자기 체력이 저하하고 외모도 눈에 띄게 수척해졌다. 하루는 성묘를 위하여 고향에 간 길에 그 친구와 카페에서 다담茶談이라도 나눌 생각으로 전화를 하였는데, 그는 잦아드는 목소리로 힘들어 나가기가 싫다는 것이다. 그러나 필자는 그를 독려하여 억지로 그의 집에서 가까운 카페로 불러내어 오랜만에 만날 수 있었다. 그러나 그는 평소의 그가 아니었다. 수척할 대로 수척한 몸매에 마치 환자처럼 힘이 없어 보였다. 사연을 물었더니, 까닭 없이 몸에 힘이 빠지고 움직이기도 싫어 집에 들어 박혀 있다가 병원에 가서 진단하니 병원에서도 원인을 알 수 없다고 한다면서, 곧 죽을 것 같다는 것이다. 그 후에 한참을 지났는데도 그로부터 아무런 소식이 없어 궁금하여 전화하였더니, 그 부인의 말이 아이들이 서울 근교의 노인요양원에 입원 시켜 지금 그곳에 있다고 한다. 다음날 시간을 내어 급히 그곳을 찾아가지 않을 수 없었다. 그곳에 가보니, 별로 넓지 않은 방에 침대 두 개가 각각 벽에 붙여 놓였고, 두 침대에 노인이 각각 누워있는 것이 눈에 들어왔다. 물론 그중 한 사람은 필자의 친구였다. 그 친구는 연전年前에 고향에 갔을 때 보던 것보다 훨씬 수척하고 기력이 소진消盡해 보였는데, 이런 저런 불만이 많았다. 그는 주변에 적절한 대화상대가 없었던 것이 문제였던 것 같다. 필자의 경우도 동년배同

年輩인 가까운 친구들이 차례로 세상을 뜨고, 남은 사람이래야 거동이 불편한 몇이 있는 정도가 되었다. 더 늦기 전에 내 나름의 생각을 정리하여 노인의 삶에 조금이라도 보탬이 될 수 있었으면 하는 마음에 서둘러 집필을 하게 되었다.

나이 든다는 것은 익어가는 것이요, 나이 든다는 것은 아름드리나무로 자라는 것이다. 나이가 들면 의젓해지고, 나이가 들면 무거워진다. 사람들은 변덕이 심해서 처음에는 빨리 나이 들기를 바라다가, 정작 어느 정도 나이가 들고나면 나이 드는 것을 싫어하는 경향이 두드러진다. 같은 자기의 나이인데도 그렇다. 그러나 나이는 싫어하거나 좋아하거나, 원하거나 원하지 않거나 관계없이 시간이 흐르면 자연히 들게 된다. 사람으로 태어나서 살아간다는 것 자체가 나이 드는 일이다.

사람은 태어나면 요절夭折하지 않는 한, 본인의 뜻과는 관계없이 생로병사生老病死의 과정을 면할 수 없다. 사람은 별소리를 다 치고 아무리 능력이 뛰어나더라도 이 세상에 홀로 왔다가 홀로 떠나는 것이지만, 그것이 자신의 뜻과는 전혀 관계없이 이루어진다. 그러니, 태어남과 죽음 사이에 일어나는 늙고 병듦인들 뜻대로 되겠는가? 그렇기 때문에, 사람들은 생로병사를 괴로워하고, 불가佛家에서는 그것을 사고四苦, 곧 네 가지 괴로움이라고 하는 것이다. 사람이 이 세상에 태어나 살면서 늙고 병들며 죽는 것은 마치 봄, 여름, 가을과 겨울이라는 절기가 돌 듯, 계속하여 움직이는 순환과정의 하나에 지나지 않는 매우 자연스러운 현상이라고 할 수 있다.

필자가 어릴 적만 해도 노인은 존경의 대상이었다. 고향인 시골 마을에는 노인이 몇 분 계셨지만 모두 환갑을 갓 넘겼거나 환갑이 가까운 분들이었던 것으로 기억한다. 필자가 아직 초등학교 학생이던 때에 조부님의 환갑을 맞이했었는데, 온 동네의 어른들이 환갑잔치에 참석하여 장수를 축하하는가 하면, 조부께서 고향 향교鄕校의 전교典敎 직을 맡고 계셨던 탓으로 향교에서 오신 나이 든 유림儒林들도 한결같이 장수를 칭송하는 것을 보고 어린 필자로서는 환갑을 맞으면 대단히 오래 산 것으로 알았고, 오래 살아 노인이 되면 존경을 받는 것으로 알았던 것도 무리는 아니었던 것 같다. 그러나 이른바 장수시대長壽時代 또는 고령화사회高齡化社會로 일컬어지는 근래에 와서는 사정이 사뭇 달라졌고, 노인은 천덕꾸러기가 되었다고 한탄 섞인 소리를 듣는 경우가 많아졌다.

사실, 필자는 나이 듦에 대하여 별로 관심을 두지 않았던 것 같다. 고희古稀를 지날 때까지만 해도 퍽 바쁜 나날을 보내면서, 누가 나이를 말하면 나이란 숫자놀음에 지나지 않는 것으로 강변強辯하였던 것이 엊그제의 일 같다. 그러나 장조杖朝를 넘기고, 과거에 활발하게 활동하던 가까운 친구들이 드문드문해지면서 자연히 노인이라거나 나이 듦에 관한 관심이 깊어지게 되었다. 늙는다는 것과 나이 든다는 것은 다르다. 늙음은 문젯거리로 여겨지는 예가 많지만, 나이 듦은 철이 바뀌어 옷을 갈아입는 정도의 일이다. 철이 바뀐 것이 문제가 아니고, 철이 바뀌었음에도 적극적으로 대처하지 않는 것이 문제일 뿐이다. 사람은 물질인 육신과 정신인 마음으로 이루어진 것인데도, 이 육신을 '나'로 알고, 그 육신에 병이 나거나 늙어가는 것을 보면 만사가 저조低調해지고 우울해진다. 그러나 정작 이 육신을 움직이고 지배하는 것은 마음이다. 육신은 늙지만, 마음은 그대로일 수도 있고 늙을 수도 있다. 마음을 늙힐 것인가, 항상 그대로이게 할 것인가는 오로지 스스로 마

음가짐의 몫이다. 들떠 불안한 마음을 다잡아 끌어
내려 고요히 하고, 매 순간 자기 모습을 제대로 볼
수만 있어도 우리는 생각의 장난에 놀아나지 않을
수 있을 것이다.

제1장

사람의 삶

20대에는 욕망의 지배를 받고, 30대는 이해
타산, 40대는 분별력, 그리고 그 나이를 지
나면 지혜로운 경험에 지배를 받는다.

발타사르 그라시안(Baltasar Gracian)

I. 변화의 과정

1. 사람이라는 존재

사람의 삶이란 어머니의 태胎를 벗어나 세상에 태어나는 순간부터 죽음을 맞는 순간까지의 과정이다. 이 삶의 과정은 모든 사람이 매 순간 자신도 모르는 사이에 육신肉身이 변하고 있을 뿐만 아니라, 이루 헤아릴 수 없이 많은 갖가지 사건과 변화로 채워지는 것이나, 그 변화 가운데 대표적인 것으로 늙음과 병듦을 든다. 그래서 태어남과 죽음을 합쳐서 생로병사生老病死, 곧 태어나 늙고 병들며 죽는 것을 사람의 일생으로 치는 것이 보통이다.

그러나 곰곰이 생각한다면 사람이란 존재는 이 세상의 다른 모든 현상과 마찬가지로 '공'空에서 왔다가 '공'으

로 돌아가는 것으로, 그 왔다가 가는 틈[間隙]이 이른
바, 삶에 해당하는 것이다. 다시 말하면, 사람이 태어
난다는 것은 인연[因緣]이 닿아 우주에 널린 여러 극미인
자[極微因子]와 에너지가 모여 이루어지는 것이고, 죽는다
는 것은 사람으로 태어나 삶을 이어가면서 변하고 망
가져 결국 죽음이라는 것, 곧 몸을 이루고 있는 각 인
자가 흩어져 본래의 상태로 되돌아가는 현상에 지나지
않는다.

사실, 우리의 몸이라는 것은 찬찬히 챙겨보면 약 100
조 가까운 세포가 모인 세포 집단으로, 세포도 결국은
59종에 달하는 다양한 원소, 그 가운데에서도 99% 이
상을 차지하는 산소, 수소, 칼슘 및 질소와 소량의 인
[燐]과 황[硫黃]으로 이루어져 있어서, 사람이라는 것도
본질적으로는 다른 모든 생물과 크게 다를 것이 없음
을 알 수 있다. 더욱이, 우리의 몸을 이루고 있는 세포
라는 것도 나름의 수명을 가지고 분열[分裂]과 사멸[死滅]을

거듭하면서 일정한 수를 유지함으로써 그것으로 구성된 생명체를 지탱하고 있지만, 일반적으로 볼 때 건강한 성인의 경우에 하루 평균 약 1,000억 개의 세포가 죽고 새로 생겨남을 반복한다고 한다. 이처럼 우리 몸 안에서는 매 순간 세포의 생멸生滅, 곧 삶의 반복이 일어나고 있지만 우리는 눈치채지 못한다. 사람의 육신肉身이 늙는다는 것은 죽어 없어지는 세포의 수가 새로 생겨나는 세포 수보다 많아서 일어나는 현상이며, 사람의 세포는 살아있는 동안에 약 60차례 정도를 분열하는 것이므로, 사람이 나이 들면 세포의 재생율再生率이 점차로 더 떨어지고 새로운 세포로 대체하지 못함으로써 노화老化가 가속화되는 것에 불과한 것이다. 인생의 마지막 단계인 죽음이란 사람의 육신을 이루고 있던 세포들이 분해되어 세포의 구성요소인 원소로 환원되거나 다른 원소와의 결합체로 옮겨 가는 것에 지나지 않고, 어느 것 하나 없어지지 않는다. 또, 사람이 사는 동안 활력의 원천이 되어준 에너지(氣: energy)는 우주에 그대로 존재한다. 에너지보존의 법칙 까닭이다. 이처럼 볼 때, 사람이라는 존재는 세상을 이루고 있는 만물만상萬物萬象의 중요한 일부인 것은 사실이지만, '공'의 차원에서 본다면 특별할 것이 없는 존재라고 할 수 있다.

그런데도 사람은 만물의 영장靈長이라는 관념이나 인간중심주의(anthropocentrism)에 매료되어 인간은 다른 것과는 비교할 수 없는 우월한 존재라는 관념이 확고한 것이 사실이다. 특히, 성경의 구약 중 창세기 1장에서 "하나님이 자기 형상, 곧 하나님의 형상대로 사람을 창조하시되 남자와 여자를 창조하시고, 하나님이 그들에게 복을 주시며, 하나님이 그들에게 이르시되 생육하고 번성하여 땅에 충만하라. 땅을 정복하라. 바다의 물고기와 하늘의 새와 땅에 움직이는 모든 생물을 다스리라 하시니라."[1)]라는 구절은 인간중심주의를 주창하는 사람들의 합리적인 근거로 작용한 것이 사실이다. 그러한 까닭으로 특히, 구약성서를 공유하는 서구사회를 중심으로[2] 인간 생활의 편의와 풍요를 도모한다는 명목 아래 자행된 자연훼손과 동식물의 남획은 결국 오늘날 보는 바와 같은 자연환경의 파괴와 수많은 동식물의 멸종을 초래하여 생태계를 뒤흔들어 놓음으로써 결국 사람의 존재 자체를 위협하는 상태에까지 이르게 되었음은 이미 널리 알려진 사실이다.

그러나 지구라는 작은 하나의 행성에서 꼭 인간이 중심이고 인간이 지배자일 까닭은 없다. 인간에게 인간의 세계가 있듯이, 개미나 꿀벌과 같은 작은 곤충에게도 그들 나름의 세계가 있고, 들판에 꽃을 피운 보잘것없는 잡초 한 포기도 자기의 삶에서는 엄연한 주인이다. 우리가 지구라고 부르는 이 세상에 존재하는 모든 것

---

1) 창세기 1장 26 내지 28.
2) 유대교뿐만 아니라, 그리스도교와 이슬람교는 모두 구약을 공유한다.

은 어느 것 하나 예외 없이 인연이 닿아 여러 인자因子가 모여 생겨나 삶을 유지하면서 변하다가 마침내 분해되어 원래의 상태로 되돌아가는 것이지, 본래부터 그 자체로서 실체를 지니고 존재하는 것은 없다. 그렇기 때문에 지구상의 모든 것은 나와 너, 우리와 그들이 두루 소통하고 서로 의존하면서 공생共生하는 관계에 있음을 알아야 한다. 그럼에도 불구하고, 탐욕과 오만에 깊이 젖어든 인간은 상호의존관계에 있어야 할 존재들 사이의 의존관계성을 무너트림으로써 생긴 불행한 상태를 만드는데 겨를이 없는 나날을 보내고 있다고 하지 않을 수 없다.

2. 사람의 삶

사람은 태어나면 좋든 싫든 죽음에 이를 때까지 삶을 영위하지만, 그 삶은 통상 헤아릴 수 없이 많은 사건과 변화의 과정으로 점철된다. 태어남으로부터 죽음에 이를 때까지 살아가는 동안에 즐겁고 기쁜 일이 없는 것은 아니지만, 즐거움이나 기쁨은 잠깐이고 삶의 대부분 과정은 괴로움(suffering)으로 채워진다. 우선, 모든 조건이 알맞게 갖추어진 어머니의 태胎를 떠나 험한 이 세상에 태어나는 것이 고통이 아닐 수 없다. 세상에 태어나는 것이 얼마나 험하게 느껴지면 두 주먹을 불끈 쥐고 큰 소리로 울면서 나오겠는가?

세상에 태어나면 주로 부모의 보살핌을 받으면서 성장하지만, 유치원, 늦어도 초등학교에 들어가면서 삶을 위한 경쟁은 시작되어 쫓기고 시달리는 나날이 계속되는 것이 보통이다. 정규교육은 국가에 따라 다소의 차이는 있어도 모두 인성人性을 가꾸고 지식을 섭취하며 사회에 적응하고 활동할 수 있는 능력을 기른다. 그러나 교육의 결과는 사회진출에 크게 영향을 미치는 것이 통상적인 일이다 보니, 교육의 기회가 왜곡되고 경쟁이 치열해지는 것을 면하기 어려운 것이 사실이다.

오죽하면 대학 입시를 준비하는 고등학생이 있으면 부모와 학생이 함께 고3병을 앓는다는 말이 보편화 되었을까 싶고, 취업이 어려워 대학 졸업을 미루기 위한 휴학을 하는 예가 많아졌다고 할까? 이 모든 것이 아직 사람으로서의 본격적인 삶을 시작하기도 전에 밀어닥친 괴로움이 아니고 무엇이겠나 싶다.

갖은 노력 끝에 취업의 기회를 잡아 사회에 진출하면 그야말로 본격적인 어려움이 눈앞에 산적해 있기 마련이다. 빨리 빨리와 지칠 줄 모르는 경쟁의 늪으로 빠져든다. 그 경쟁이라는 것은 조직 내적인 것도 있고 조직 외적인 것도 있지만 아무튼 삶은 경쟁의 연속이라고 해도 과언이 아닐 정도의 현실이니, 그것을 이겨내려는 노력과 괴로움이 오죽하겠는가? 근래에 들어 사람의 평균수명은 크게 연장된 데 대하여, 직장에서의 정년은 상대적으로 빨라짐으로써 한창 일할 건장한 나이에 직장을 잃는 것이 예사가 된 것 같다. 그러니, 특히 의욕과 재능이 있어 새로운 도전을 할 수 있는 경우가 아니면, 환갑을 넘기기가 무섭게 초로初老의 단계로 접어들게 된다.

사람이 초로기初老期에 들어 환갑還甲이라는 것을 맞으면 흔히 심경의 변화를 경험하는 것이 보통인 것 같다. 우선, 환갑이라는 것이 지니는 전통적 관념에 비추어 환갑을 지나면 노년이라는 새로운 여정에 접어듦으로써 적극적이고 활력있는 삶에서 한발 물러나는 세대가 된다는 생각이 들기 마련이다. 스스로 그러한 관념에 젖다 보니 갑자기 늙은 것 같고, 자신도 모르는 사이에 하루하루가 무료하여 결국 우울함을 느끼는 빈도가 늘어남은 물론, 실제로 활력이 떨어진 것 같아진다고 한다. 가시적으로 노화의 길에 접어든 것이다. 그러나 나이 듦에 따라 늙어가는 것은 사람의 몸, 곧 육신이고, 마음은 그대로이다. 사람들은 통상적으로 몸이 곧 자기인 것으로 아는 까닭에 몸이 늙어 감을 우울해하고, 마음을 그에 끌어들인다. 비록 육신은 늙어도 마음의 평정을 유지함으로써 자존감自尊感을 지킬 수 있는 것이다. 한순간도 쉬지 않고 들락거리는 생각에 매어 살다 보면 머리만 혼란스럽고 마음이 고요함을 유지할 여유가 없다. 사람이 자기는 불행하다고 느끼는 것은 불행에 초점을 맞추고 보기 때문이다. 우리는 행복 쪽에 초점을 맞추어야 한다. 그래서 붓다께서는 "모든 것은 마음이 만든다.一切唯心造"라고 강조하셨고, 또 "몸에는 병이 있어도 마음에는 병이 없어야 한다."라고 일깨우신 것이다.

3. 음식은 입으로, 숨은 코로

사람은 숨을 쉼으로써 살고, 숨이 멎으면 죽은 것이다. 그래서 예로부터 이르기를 사람의 삶은 경각頃刻에 달린 것이라고 한다. 그런데, 숨은 코로 쉬고, 음식은 입으로 먹게 되어 있다. 이처럼 이야기하면 "누가 코로 숨 쉬고, 입으로 밥 먹는지 모르냐?"라고 반문하는 사람이 많으나, 실은 알면서도 그대로 하지 않는 수가 많은 것이 사람이다.

사람에게는 오관五官 또는 오근五根, 곧 눈, 귀, 코, 혀, 몸이라는 감각기관이 있어 각각 시각視覺, 청각聽覺, 후각嗅覺, 미각味覺과 촉각觸覺이라는 한 가지씩의 감각기능感覺機能을 담당하고 있다. 그런데, 유독 코와 입은 인식기능 외에 코는 호흡 기능을, 입은 음식 섭취기능을 더 담당하고 있다. 우리가 일반적으로 큰 관심의 대상으로 삼지 않는 코와 입은 후각과 미각이라는 인식기능에 더하여 삶의 기본물질인 공기와 음식물을 받아들이는 출입구 구실을 하는 매우 중요한 기관이다. 그렇다면, 왜 눈이나 귀라는 기관은 감각기능 외에 눈에 띄는 다른 기능이 없는데, 코와 입은 생명줄이라고 할 수 있는 숨과 음식을 받아들이는 통로 구실까지 담당하게 된 것일까? 우선, 혀는 미각을 가지고 있기 때문에 음식물의 맛을 분별하여 섭취하기에 편리하여 그 혀를 안고 있는 입이 음식물을 섭취하는 통로로 적합하며, 코는 냄새를 맡는 기능을 가졌으므로 숨을 쉼에 있어 냄새로 공기 중의 이물질異物質을 감지하기에 편리한 까닭으로 그러한 기능이 덧붙여진 것으로 짐작하기에 족하다. 결국, 숨은 코로 쉬고, 음식물은 입으로 먹는 것이다. 그런데도, 무의식적으로 입으로 숨을 쉬는 경우가 많으며, 그러한 예는 노인의 경우와 잠자는 때에 특히 많다. 코로 정확히 숨을 쉬는 것은 생각 이상으로 건강에 미치는 영향이 크다는 것을 알아야 한다.

숨 이야기가 나왔으니, 숨에 관한 몇 가지 기본적인 것을 짚고 넘어가는 것이 좋을 것 같다. 우리의 호흡기관은 들숨을 통하여 공기 중의 산소를 세포와 여러 조직으로 전달하는 부분과 날숨을 통하여 각 조직에서 생긴 이산화탄소(CO_2)를 공기 속으로 배출하는 부분으로 나눌 수 있다.

우리가 숨을 들이쉼으로써 인체 안으로 들어온 공기는 기관을 통하여 흘러 들어가 두 가닥의 기관지로 나뉘어 그 가운데 하나는 오른쪽 폐肺로, 다른 하나는 왼쪽 폐로 이어지고, 기관지는 폐 안에서 다시 세기관지細氣管支라는 가는 여러 가닥의 기관지로 나뉘어 마지막으로 약 3억 개에 달하는 폐포肺胞라는 작은 공기주머니로 연결된다. 그러니, 이는 흙에서 나온 나무의 큰 둥치가 두 갈래로 갈라지고 그 갈라져 자란 가지가 또 많은 작은 가지로 자라 끝에 잎이 돋아난 것을 거꾸로 한 것과 매우 비슷한 모습임을 떠올릴 수 있다. 우리 주변에서 많은 산소를 내뿜고 있는 나무와 그 산소를 흡입하는 우리 몸속의 나무가 매우 비슷한 모습이라는 사실의 반면에, 나무는 우리가 내놓는 이산화탄소를 흡입한다는 자연의 신비로움과 상호의존관계의 구조를 잘 보여주고 있다.

숨은 반드시 호흡기관인 코로 쉬어야 한다. 코로 숨을 쉬되, 가볍고 길게 쉬도록 하여야 하며, 그것은 이른바

복식호흡이 바람직 한 것이라는 말이 된다. 그러면 자연히 폐의 윗부분 만에 의한 얕고 짧은 숨이 아니게 된다. 국선도國仙道나 기공氣功 및 불교에서의 참선參禪[3] 등은 그 좋은 예라고 할 수 있다. 사람은 숨 쉬며 먹어야 산다고 하지만, 일주일이나 10일 정도 음식을 섭취하지 않아도 죽지는 않지만, 숨은 한 번만이라도 나갔다가 들어오지 않으면 죽는다. 그만큼 중요한 숨을 사람들은 거의 무의식적으로 쉬고 있으며, 자기가 숨을 쉬고 있다는 사실 자체를 의식하지 않는 경우가 많다. 그러나 숨 쉬는 것을 알아차려야 한다. 숨 쉼을 의식하면서 쉬어야 한다는 것이다.

4. 장수의 비결은?

대부분의 사람은 늙음에 대한 관념에 상관없이 오래

---

3) 참선 가운데 특히 삼마디samadhi를 가리킨다.

살기를 바란다. 그 결과 장수한 사람의 생활방식이나 이른바, 장수마을로 이름난 곳에 관한 정보에 관심이 많은 것도 무리는 아닌 것 같다. 그러나 알고 보면 장수의 비결이 따로 있는 것 같지는 않다.

공식 기록상 세계에서 가장 오래 산 것으로 기록된 프랑스의 장 루이 카르망(Jeanne Louise Calment) 여인은 122세까지 살았지만, 그의 특별한 건강비법은 소식小食을 제외하고는 눈에 띄는 것이 없다. 그는 평소에 규칙적으로 약간의 포도주와 초콜릿을 먹고, 매일 집 둘레를 산책하며, 117세에 이르기까지 하루에 두 개비의 담배를 피웠다는 것 외에는 특별히 알려진 것이 없다. 또, 116세까지 산 네덜란드의 헨드리케 반 안델-스키퍼(Hendrikje van Andel-Schipper) 여인은 110살이 넘어 뇌를 검사하였는데, 그의 뇌는 60세 정도의 젊은 사람과 견줄 만한 수준이어서 정신적으로는 약 40년 연하인 사람과 비슷할 정도로 분명하였다고 한다. 그의 생활습관도 특별한 것이 없이 매일 약간의 훈제 청어와

오렌지 주스 한 잔을 규칙적으로 먹는 정도이었다고 한다. 116세에 세상을 등진 이태리의 여인 엠마 모라노(Emma Morano)는 매일 생달걀 두 개와 브랜디 한잔을 그의 장수 비법으로 들었다.

장수한 개인의 경우 외에 장수마을로 꼽히는 곳을 보아도 특별히 장수의 비결이라고 할 만한 특징을 찾아볼 수 없을 뿐만 아니라, 그곳에서도 평균 수명은 다른 통상적인 경우와 크게 다를 것이 없다고 할 수 있다. 물론, 100세 이상인 사람의 삶과 장수마을에 대한 연구의 결과는 규칙적인 운동, 친밀한 가족관계와 생활공동체 내의 긴밀한 유대 및 지중해식 식단 곧, 생선, 과실, 채소 및 한 잔의 포도주와 같은 건강한 생활방식(lifestyles)을 들추어내는 정도의 것이라고 할 수 있다.[4) 모든 인간의 갈망渴望은 물론, 의료보장과 생명

---

4) Agronin, The End of Old Age, 2018, pp. 2, 3.

연장을 위한 의약개발을 위하여 수천억 불이라는 거액의 투자를 함에도 누구 하나 나이 듦이나 죽음을 피하지 못하고, 죽음이라는 종말을 맞이할 수밖에 없는 것이 엄연한 사실이다.

여기에서 분명히 하고 넘어갈 것은 '오래 산다'는 것과 '좋은 삶'과는 반드시 같은 것이 아니라는 점이다. 많은 경우에 볼 수 있는 것은 나이가 듦에 따라 건강 상태의 저하와 많은 문제의 대두로 인한 고뇌苦惱의 시간을 피하기가 어렵다는 점이다. 그렇기 때문에, 늙음은 밝음에의 약속이기보다는 오히려 감당하기 힘든 문제들의 기다림이라고 하는 편이 나을지도 모른다.

II. 늙음을 바로 보기

1. 늙음과 나이 듦

늙는 것과 나이 드는 일이라고 하면 흔히 두 가지가 같은 말인 것처럼 의아해하는 예가 많다. 그러나 이들 두 가지는 엄연히 다른 이야기이다. 늙는다는 것은 나이가 들어 노년기에 접어들었음을 뜻한다. 이에 대하여, 나이가 드는 것은 사람이 이 세상에 태어나면서부터 계속되는 현상이다. 어렸거나 젊음이 한창일 때에도 나이는 들지만 늙음은 아니다. 나이 들어 세포의 분열이 둔화하여 매 순간 새로 생겨나는 세포의 수보다 죽는 세포 수가 많아짐으로써 몸에 노화 현상이 나타나면 비로소 늙어가는 것이다. 그러니 아그로닌(Marc E. Agronin) 박사가 "늙음은 문제이지만 나이 듦은 해답이다."라고 하면서, "나이 듦은 장점을 가져온다(aging brings strength)."라는 교훈을 남긴 것도 무리는 아니다.5)

나이 듦은 결국 늙음으로 이어지는 것이지만, 사람들은 일반적으로 늙음을 싫어하면서도 오래 살기를 희망한다. 오래 산다는 것은 늙어서의 삶이 길어짐을 뜻하는 것이니, 그런 모순된 바람이 있을 수 없을 것 같다. 늙음을 싫어하면서도 오래 살기를 바라는 것은 늙으면 으레 찾아올 죽음에 대한 막연한 두려움 탓인 것이 보통이다. 세계적인 장수자로 알려진 사람들의 생활방식을 종합해보면 위에서 본 바와 같이 특별한 비결을 찾아볼 수 없으나, 그런대로 몇 가지 공통된 생활습관을 엿볼 수 있다. 대부분의 장수자는 일반적으로 낙천적이면서 규칙적인 생활을 하고, 가족이나 친지들과의 유대가 강하며, 육체적이거나 정신적인 일을 즐긴다. 그러

---

5) Agronin, op. cit. vii.

므로 그들은 단순하고 무료한 나날을 보내지 않는 셈이다.

많은 경우, 장수는 반드시 좋은 삶으로 연결되는 것은 아니며, 오히려 침체와 무력과 고통으로 점철되는 경우가 많다. 많은 사람은 아직 자기가 경험하지 않은 앞날을 걱정하면서도 오래 살기를 바라는 것이 보통이지만, 우리는 늙어감에 따라 자연히 체력이 감퇴하고 갖가지 병이 자주 찾아들며 생활이 전반적으로 침체함을 경험하게 된다. 거기에 평소 친숙하게 지내던 사람들이 하나둘씩 세상을 떠나거나 거동이 불편하여 집안에 칩거하게 됨으로써 허물없이 접촉할 수 있는 친구가 차츰 줄어들고 없어짐은 늙음을 우울하게 하는 큰 요인의 하나가 된다. 그러니, 장수를 원하려면 당연히 그에 대한 효과적인 대비가 필요한 것은 다시 말할 필요조차 없는 일이다. 그것은 늙음에 잘 대처하는 일일 뿐만 아니라, 나이 든 사람이 감당할 수 있는 새로운 삶의 길을 창출하는 일이다.

고도로 발달한 과학에 힘입어 다국적 제약회사들은 수천억 불에 이르는 자금을 쏟아부어 나이를 극복하는 식품 내지 신약의 개발을 서둘고 있으나, 아직 늙음을 벗어날 수 있는 묘방은 나오지 않고, 결국 모든 사람이 병사病死가 되었거나 자연사自然死가 되었거나 가릴 것 없이 때가 되면 모두 죽어 일생을 마치게 된다. 그렇다 보니, 관련 분야의 저명한 학자 가운데에는 "늙음은 대단한 일이다(It's great to be old)."의 저자 재코비(Susan Jacoby)처럼 "젊은 사람 중심의 문화환경에서 오래 산다는 것은 오직 더 많은 질병과 궁핍과 각종 괴로움을 불러올 뿐이다."라는 소극적인 주장을 펴는 이가 있는가 하면, 의료윤리학자인 에마누얼(Ezekiel Emanuel)은 "죽음은 상실이지만, 너무 오래 사는 것도 상실이다."라고 하면서, 75세를 지나서는 살 만큼 살고 이 세상에서 할 만한 일도 하였기 때문에 더 생명을 연장하

거나 재활을 위한 요법을 쓰지 않는다고 한다.6) 사람
이 산다는 의미는 사람다운 생활함에 있는 것이지, 단
순히 생명을 유지함에 그치는 것은 이미 사람으로서의
의의意義를 상실한 상태라고 하지 않을 수 없을 것이
다. 이러한 관점에서 본다면, 맹목적인 장수는 큰 의미
가 없으며, 오래 살기를 원한다면 그 삶에 걸맞은 나
름의 일을 창출해야 할 것이다.

2. 늙음과 심신

나이가 들어 늙음의 과정이 시작되면 사람에 따라 약
간의 차이는 있더라도 거의 누구나 할 것 없이 체력이
떨어지고 근육의 위축 현상이 나타남과 동시에 면역력
이 저하됨으로써 노인으로서의 외양外樣이 보이기 시작
한다. 그러나 이와 같은 현상은 사람으로 태어남으로써

---

6) Agronin, op. cit. pp. 8, 9.

누구나가 거치는 순환과정의 일부여서 특별할 것도 없고, 나에게만 닥친 괴로움도 아니다. 그뿐만 아니라, 늙음이라는 것을 즐기거나 환영할 사람은 없겠지만, 그렇다고 늙음이라는 것이 반드시 부정적인 것만은 아니며, 늙음을 맞이하고 대처하기에 따라서는 큰 보람을 느낄 수 있는 것도 사실이다.

흔히 말하기를 사람은 몸과 마음으로 이루어져 있다고 한다. 그러면서, 몸과 마음을 서로 분리해서 대칭적으로 생각하는 예조차 있음을 본다. 하기야, 사람들은 모든 것을 이분법적二分法的으로 보는 습성을 지니고 있어서, 매사에 경계선을 치고 '나'나 우리 쪽과 '남'이나 남의 쪽으로 나누어 내 쪽을 조금이라도 넓히려고 그에 집착한다. 그러나 사람의 삶은 몸과 마음이 한 치의 떨어짐도 없이 매 순간 긴밀하게 연관되고 협력함으로써 이루어지는 것이며, 이는 잠을 잘 때도 예외가 아니다. 그렇기 때문에, 육신이 온전치 못하고 병이 나면 마음이 위축되고 기분이 저조해지는가 하면, 마음이 불안하거나 격해지면 소화기에 장애가 온다거나 몸이 무거움을 느끼게 된다. 그렇기 때문에 몸의 단련과 마음의 수련이 필요하다는 것이다.

나이가 들면 여러 가지 이유로 운동을 멀리하는 경우가 많아지는 것을 쉽게 볼 수 있으나, 사람으로 사는 한 운동은 필요 불가결한 것임을 알아야 한다. 우선, 사람은 동물의 일종이고, 동물은 움직이는 생물이라는 뜻으로, 정물靜物에 대치되는 말이다. 그러므로 사람은 나이가 들어도 적절한 움직임, 곧 운동이 필요하다. 나이가 들었다고 해서 운동을 멀리하면 점차로 몸이 굳어지게 되므로, 적절한 운동을 함으로써 몸을 유연하게 할 필요가 있다. 노인이 어디에서나 혼자서 하기에 적절한 운동 두 가지를 들어보기로 한다. 나이 든 사람에게는 걷기만 한 운동이 없다. 걷기는 누구나가 쉽게 할 수 있는 운동이면서, 노인에게 필요한 하체 운동으로 적절할 뿐만 아니라, 하체 운동은 인지능력(認知能力: cognitive ability)의 향상에 도움이 된다는 것이 의학적 소견이다. 산책로를 걷거나 트레드-밀(tread-mill) 위를 걷거나 상관없다. 다만, 유의할 점은 발에 맞아 편한 운동화를 신는 것이 필요하며, 처음에는 5분 내지 10분 정도를 천천히 걷다가, 익숙해짐에 따라 점차로 30분까지 시간을 늘리고 걷는 속도도 늘려나가면 된다. 다음은 팔굽혀펴기이다. 걷기가 하체 운동인 반면에, 팔굽혀펴기는 상체 운동이다. 팔굽혀펴기 역시 방안에서나 공원 같은 곳에서도 쉽게 할 수 있는 운동이어서 좋다. 팔굽혀펴기는 가슴과 어깨 및 삼두박근 등을 발달시키는 운동이다. 요점은 엎드린 다음 어깨너비보다 약간 넓게 손으로 바닥을 짚는다. 발뒤꿈치를 든 상태에서 팔과 무릎을 곧게 펴주면 기본 상태가 된다. 경계할 점은 팔을 굽히고 펼 때 엉덩이가 올라가거나 허리가 내려가는 것과 같이 몸의 균형이 고르지 못한 것이다.

육체적인 운동에 못지않게 중요한 것은 마음의 수련이다. 사람이 살아감에 있어 사령탑 구실을 하는 것은 마음이며, 사실 우리의 몸을 움직이는 것도 마음이다. 마음이 안정되고 삼독三毒[7]이 없이 고요함을 유지할 수 있으면 몸이 건실함을 유지할 수 있으나, 마음이 불안하고 번뇌에 싸이면 몸의 에너지 순환이 불규칙해짐으로써 혈압이 오르고 맥박이 고르지 않게 되어 건강을 해친다는 것은 누구나 아는 일이다. 마음의 수련 방법으로는 참선參禪 또는 명상冥想을 흔히 들지만, 한 마디로 참선이나 명상이라고 해도 구체적인 방법에는 여러 가지가 있다. 그 가운데, 일상적으로 실행할 수 있으면서 효과적인 방법으로 수식관數息觀을 권하고자 한다. 수식관이란 날숨과 들숨을 관찰하고 셈으로써 마음을 고요하게 하는 관법觀法을 말하는 것으로서, 붓다께서 직접 가르치신 선정禪定에 드는 방법이다.[8] 사람들은

7) 삼독三毒이란 탐욕貪欲, 성냄[瞋恚] 및 어리석음[愚癡]의 세 가지를 말한다.

숨을 쉴 때에 그것을 의식함이 없이 거의 무의식적으로 호흡하는 것이 보통이다. 그렇기 때문에 숨이 짧고 얕기 마련이다. 그러나 숨을 의식하면서 쉬되, 숨을 들이쉴 때는 들이쉼을 인식하면서 그 들숨을 꼼꼼히 관찰하면서 서서히 들이쉬고, 숨을 내쉴 때에는 낼 숨을 관찰하면서 서서히 내 쉬면서 그 숨을 세는 것이다. 이처럼 하면 숨이 자연히 가늘고 길어지며, 마음이 스스로 고요해져서 잡념이 없게 됨을 알게 된다. 하루에 오전과 오후로 각각 5분 내지 10분 정도만 수식관을 하여도 마음이 안정되고 잡념을 없애는 데 크게 도움이 된다는 것을 스스로 알게 될 것이다. 마음을 한 곳에 모아 산란하지 않도록 하는 정신작용을 가리켜 삼마디(三摩地: samadhi)라고 하며, 수식관은 삼마디의 일종이다. 팔정도의 여덟 번째 덕목인 정정正定이 이에 해당한다.

---

8) 잡아함 29: 803 안나반나념경2; 증일아함 7: 17 안반품1.

여기에서 참고로 마음 챙김(mindfulness)에 관해서 간단히 짚고 넘어가는 것이 좋을 것 같다. 마음 챙김이란 '마음', '나' 또는 '공'이나 '무' 등 근본적인 문제의 실체를 참구參究함으로써 그의 진정한 의미를 명확히 하려는 명상의 일종이며, 흔히 마음 챙김 명상(mindfulness meditation) 또는 비파사나(vipassana)라고 하며, 팔정도八正道 가운데 정념正念은 그에 해당한다고 할 수 있다. 마음 챙김 명상은 고요한 마음의 상태에서 이루어지는 것이어서, 집중명상(concentration meditation)을 통하여 마음이 적정하게 된 상태에서 하는 것이 원칙이다. 자기의 일상을 깊이 생각함이 없이 습관적으로 보내지 않고, 일상 벌어지는 일이나 느낌을 깊이 분석하고 숙고함으로써 자기의 하루하루를 깨어있게 한다는 것은 매우 뜻깊은 일일 뿐만 아니라, 매일 매일의 생활에 활력活力을 불어넣는 것이 된다.

III. 늙으면 애 된다

1. 인생의 단계

필자가 어렸을 때 자주 듣던 말로 "늙으면 애 된다."라는 속담이 있다.[9] 사람은 늙어 가면서 어려서 하던 짓을 거꾸로 거슬러 돌아가 하게 된다는 것이다. 필자는 사람의 삶의 과정을 편의상 5단계로 나누어 살펴보고자 한다. 먼저, 갓 태어난 아이는 눈도 제대로 뜨거나 움직이지도 못하고 종일 자면서 배가 고프면 오직 어머니의 젖을 찾아 물을 뿐이다. 그런 갓 난 아이는 어머니를 비롯한 어른들의 보살핌으로 차츰 자라면서 기어 다니다가 한발 두발 걸음을 배우게 되는 한편, 단

---

[9] 미국에서도 이에 상당한 말로 "reversing the trajectory of childhood."라는 말을 하는 예가 있다: John Leland, Happiness is a Choice You Make, 2018, p. 6.

편적으로나마 말을 배우고 반드시 서서 걸을 수 있게 된다. 이 단계까지는 남의 부양을 받지 않고는 생존 자체가 어려운 시기임은 물론이다.

아이가 다섯 살쯤 되면 유치원에 가게 되어 배움의 과정에 발을 디디게 됨으로써 긴 교육에의 여정이 시작되고, 각종 현상과 사회에 대한 인지능력認知能力이 제고되며, 경험과 지식이 차츰 축적되는 것이 보통이다. 이 단계는 보통 출생에서 20세까지에 이르는 것으로, 유년기에서 소년기까지라고 할 수 있다.

둘째 단계는 대략 20세에서 35세 정도까지의 시기로서, 인생에서 가장 활동적이고, 사회적으로나 경제적으로 가장 활발하게 작용하는 시기라고 할 수 있으며, 이 기간을 청년기靑年期라고 부를 수 있을 것이다.

셋째 단계는 35세에서 50세까지로, 지식과 경험이 충만하여 인생으로서 성숙된 시기임과 동시에, 가정적으로도 어느 정도 안정 단계에 들어 자녀를 양육하는 중요한 시기이다. 이 시기를 흔히 장년기壯年期라 부른다. 다음은 50세에서 65세에 이르는 시기로, 중년기中年期라 부르는 것이 보통이다. 이 시기는 수확의 계절이라 할 수 있음과 동시에, 다가올 노년기에 대비해야 하는 중요한 시기라고 할 수 있다.

인생의 마지막 단계는 65세 이후의 노년기老年期임은 물론이다. 4. 50년 전까지만 하여도 환갑을 노년기의 시점으로 보는 것이 일반적이었으나, 평균 수명이 향상됨에 따라 환갑에 대한 인식이 크게 바뀌고, 제도적으로도 노인을 65세 이상으로 규정하게 되었으나, 고령화가 크게 촉진됨에 따라 필자로서는 70세부터를 노년기로 보는 것이 타당할 것으로 본다. 노년기는 덧붙여 설명할 것도 없이 노화가 가속화되어 죽음에 이르기까지이다.

노년기에 접어들어 노화 현상이 깊어지면 적지 않은

예외가 있지만, 많은 경우에 유년기를 거꾸로 거슬러 올라가는 듯한 상황이 벌어지다가 결국 빈손으로 원점으로 돌아가게 된다. 몇 가지 대표적인 예를 들어보자. 우선, 70대의 중반쯤을 지나면서 적지 않은 사람들이 인지능력의 감퇴와 과거에 축적한 지식이나 경험의 망각이 잦다고 호소하는 소리를 자주 듣게 된다. 여기에서 더 늙으면 기억력과 분별능력이 현저히 떨어지고 걸음걸이가 불안정해지는 경향이 두드러지는 경우가 많아짐을 볼 수 있다. 더 나아가 오래 살 게 되면 많은 경우 음식의 섭취와 일상의 거동이 자유롭지 않아 주변의 조력을 받지 않을 수 없는 경우가 늘어나고, 치매에 시달리는 예가 많아짐을 어찌할 수 없는 것 같다. 그러니, "늙으면 애 된다."는 말이 노상 허언虛言만은 아닌 것 같다.

2. 노년은 인생의 정관기靜觀期

사람은 환갑을 지나면서 삶의 방향에 큰 변화를 맞게 되는 예가 많다. 우선, 환갑은 우리나라를 비롯하여 중국과 일본에서 전통적으로 인정되어 온 것으로, 사람이 출생한 해로부터 같은 60번째 간지干支10)에 해당하는 해를 맞는다는 것으로, 우리나라에서는 환갑에 큰 의미를 부여하였다. 곧, 천간과 지지의 결합이 원점에 돌아오는 60년을 맞음으로써 적어도 인생의 한 바퀴를 돈 것으로 본 셈이다. 그렇기 때문에, 환갑을 계기로 하여 앞으로의 삶의 방향이나 내용을 조정하거나 새로이 설정하는 예가 많았음은 오히려 당연한 일이라고 할 수 있다.

사실, 사람들은 환갑 때까지만 해도 우선 자기 스스로

---

10) 간지干支란 갑, 을, 병으로 시작되는 10개 천간天干과, 자, 축, 인으로 시작되는 12개 지지地支를 돌아가면서 서로 결합한 것을 말한다.

와 가족을 위하여 각자가 지향하는 바를 성취하기 위하여 밤낮없이 바쁜 나날을 보내는 것이 예사이다. 그것이 사업이 되었건, 예체능이 되었건, 학문이나 정치가 되었거나 가릴 것 없이, 오로지 '나'와 '우리'의 이익을 추구하여 최선을 다 할 뿐, 이웃을 돌아볼 겨를조차 없이 지나는 것이 일상적인 생활방식이라고 해도 크게 벗어나는 일은 아닐 것 같다. 그러나 '나'나 '우리'가 무엇인가를 이루어내고 보면 얼마 동안은 성취감으로 기쁘고 자랑스럽기도 하지만, 얼마 지나지 않아 그 기쁨이나 보람은 온데간데없고, 애써 이루어놓은 것을 유지하기 위한 걱정으로 성취라는 것이 겨우 이런 것인가 하는 실망이 앞을 가리게 되는 것이 보통이다.

그러나 환갑을 지나고 보면, 마음에 어느 정도 여유도 생기고, 이웃을 볼 수 있는 눈도 밝아져 '나'나 '우리'의 영역에 '남'이나 '저들'을 받아들일 수도 있게 되며, '나'라는 것을 깊이 챙겨볼 수 있도록 마음도 넓어지며 생각은 깊어지게 된다. 이를 계기로 환갑을 지나면 인생의 후반기를 설계할 필요가 있다.

사람을 비롯한 이 세상의 모든 생물은 상호의존관계에 있는 것이지 어느 것 하나 그것만으로 존재를 유지할 수 있는 것은 없다. 그런데도 근년에 일반화된 개인주의로 말미암아 이 '관계성'이 무너지고, 우리 삶의 바탕인 지구는 환경오염으로 회복하기 어려울 정도의 중병을 앓고 있다. 모든 것의 상호관계성을 회복하고 심각하게 병든 지구의 오염상태를 제거할 수 있도록 각별한 노력이 필요한 단계임은 우리가 이미 잘 알고 있는 사실이다.

노인들의 전반기의 삶이 오로지 '나'와 '우리'를 위한 것이었다면, 설계할 후반기의 삶은 사람을 비롯한 모든 '것'과의 관계성을 회복하고 이웃에 대한 배려를 아끼지 않음으로써 마음을 풍요롭게 할 일이다. 사람은 마음먹고 하기에 따라 지금 바로 여기에서 아귀가 될 수도 있고, 천인이 될 수도 있다.

3. 노병사老病死는 원점으로 돌아가는 것

"늙으면 애 된다."라는 속담은 여러모로 깊은 뜻이 담긴 말인 것 같다. 우선, 늙으면 애가 된다는 것은 유년기와 소년기를 거치면서 어엿한 사람으로 성장하고, 청년기와 장년기를 맞아 활력과 희망에 쌓인 생활을 하다가, 중년기에 접어들면서 지식과 경험은 완숙한 단계에 이르지만, 차츰 노화가 가속화됨으로써 기력이 쇠하여짐을 경험하기 시작하며, 노년기에 들면 노화가 촉진되면서 갖가지 질병이 찾아들고 노쇠화의 촉진으로 주변의 부양이 불가피한 현상이 차츰 잦아지게 된다. 태어나 죽음에 이르기까지를 종합하여 본다면 그것은 하나의 순환과정이라고 할 수 있다. 그러니, "늙으면 애된다."는 것은 결국 "원점으로 되돌아간다."는 뜻이 된다. 쉬운 예를 들자면, 사람은 태어나서 부모의 양육을 받으며 홀로 크다가, 나이가 들면 결혼하여 둘이서 세대를 이루고 아이를 낳아 기르며 삶을 이어 간다. 나이 들면서 아이들이 자라 역시 결혼하여 그들의 세대를 이루어 나가게 되면, 다시 둘만의 삶으로 돌아가 늙음을 맞이하면서, 둘 가운데 어느 한쪽이 먼저 세상을 떠나면 다른 한쪽이 홀로 남아 인생의 황혼을 보내게 된다. 문자 그대로 원점에의 회귀인 셈이다.

우주의 기본은 순환이라고 할 수 있다. 우주를 메우리만큼 많은 별은 자전自轉이거나 공전公轉이거나를 가릴 것 없이 대부분이 순환을 계속하고 있으며, 우리가 사는 세상만 해도 해마다 봄, 여름, 가을과 겨울의 순환이 반복되고 있고, 하루를 보아도 아침, 정오, 낙조와 밤의 순환이 되풀이되고 있음을 알 수 있다. 우리는 흔히 항성인 태양은 그대로 있는 것처럼 생각하기가 쉬우나 태양도 우리 은하계 중심을 축으로 거의 원에 가까운 궤도를 돌고 있는데. 그 궤도를 완전히 한 바퀴 도는데 약 2억 5천만 년이라는 긴 시간이 걸리기 때문에 우리가 그것을 느끼지 못할 뿐이다. 우리가 간혹 찾아 나서는 바닷가에 가보면 밀물과 썰물이 쉴 사이 없이 들락날락 반복한다. 밀물이 들어왔는가 싶으면 바로 썰물이 되어 빠져나가고, 그 자리에 갯벌을 남기지만, 그것도 얼마 동안의 일에 지나지 않는다. 그뿐 아니라, 우리 주변의 모든 '것'들은 인연이 닿아 여러 입자가 모여 구성됨으로써 생주괴멸生住壞滅의 순환과정을 통하여 마침내 본래의 입자 상태로 되돌아가는 것이기 때문이다. 우리가 늘 보는 나무도 그렇다. 봄이 다가오면 다 죽은 듯이 보이던 헐벗은 나뭇가지에 새 눈이 트기 시작하여 파릇파릇한 잎이 돋아나고 연약한 새 가지가 고개를 내미는가 하면, 얼마 지나지 않아 아름다운 꽃이 만발하여 사람들에게 상춘賞春을 즐기게 한다. 아름다운 꽃들이 떨어지기가 무섭게 낮의 기온이 올라가 촌로村老들의 부채질이 바빠지면 어느새 새로 돋은 가지와 잎은 절정기를 자랑하면서 맺힌 열매를 풍성하게 키운다. 그러나 그것도 잠시의 일이고, 처서處暑가 지나면 벌써 아침저녁으로 찬바람을 느끼게 하고, 나뭇잎은 가을이 깊어지기도 전에 벌써 단풍을 예고하면서 낙엽의 준비를 서둔다. 절기가 상강霜降과 입동立冬에 접어듦과 때를 맞추어 나무는 모든 잎을 털어내고 겨울 채비를 서둘게 되고, 제대로 겨울에 접어들면 잎은 떨어져 뿌리로 돌아갈[葉落歸根] 채비를 마치고, 나무는 다시 헐벗은 상태가 되어 죽은 듯이 움츠리고 다시 올 봄을 기다린다. 나무의 이러한 한 해의 과정은 매해 되풀이되는 현상이다. 사람이 태어나 살다가 늙어 병들고 죽는 것도 결국 태어난 곳으로 '돌아가'는 것이니, 사람이 늙고 죽는다는 것도 이러한 순환과정의 한 예에 지나지 않는 것이다. 왔으면 돌아가는 것이고, 온 곳은 곧 돌아가는 곳이 된다. 이와 같은 현상을 불가佛家에서는 '공'空이기 때문이라고 한다.

지난 11월 19일 미국의 항공우주국(NASA)은 티코 초신성(超新星: Tycho's supernova)의 이미지를 홈페이지에 발표하여 공개하였다. 초신성은 그 이름으로만 본다면 갓 태어난 별 같으나, 실은 마지막 순간의 별을 가리킨다. 별은 그 별의 삶을 이어오다가 삶의 마지막 순간이 오면 남은 연료를 모두 태우고 순간적으로 큰 폭발을 일으키며, 이를 가리켜 초신성의 폭발이라고 부른다. 이 폭발과 함께 자신의 물질을 엄청난 폭풍처럼 우주 공간으로 방출하며, 우주에 방출된 초신성의 잔해로 새로운 별이 만들어진다. 곧, 그 별은 죽어 사라짐으로써 새로운 별의 탄생으로 이어지는 순환과정을 밟게 됨을 확연히 알 수 있다. 사람의 경우라고 해서 크게 다를 것이 없다. 우리는 '죽는다.'는 것을 흔히 '돌아간다.'고 말하지만, 난 곳으로 돌아간다, 곧 생명의 출발점으로 돌아간다는 뜻이 된다. 결국, 위에서 본 바와 같이 죽음은 원점으로 돌아가는 것에 불과한 것이다.

제2장

늙음은 익어가는 것

나이가 드니까 안 노는 게 아니라, 놀지 않기 때문에 나이가 드는 것이다.

조지 버나드 쇼George Bernard Shaw

I. 늙음은 삶의 한 단계

1. 나이 들어 늙는다.

위에서 보았듯이 노년기는 65세(적어도 현재의 우리나라에서는)부터 시작된다. 그러니, 싫든 좋든 나이가 들다 보면 자기도 모르는 사이에 노인이 되는 것이어서 나이가 곧 늙음인 셈이다. 65세부터 노인이라고 하지만, 어제까지 중년기에 있던 사람이 하룻밤 사이에 노인이 되었다고 하니 허망하기 짝이 없는 노릇이다. 그러나 같은 65세에 이른 사람이라고 해도 육체적인 건강 상태나 정신적인 사고능력을 보면 구구 각각임을 알 수 있다. 어떤 사람은 여러모로 아직 장년기에 있는 사람을 능가하리만큼 왕성한가 하면, 어떤 사람은 겨우 노인의 반열에 들었으면서도 겉으로 보면 이미 고희古稀를 넘긴 지 한참인 사람처럼 보이는 예도 적지 않은 것이 사실이다. 그러니, 65세 이상을 노인이라 해도 그것은 제도적인 편의상 그어놓은 경계선 정도의 것이고, 나이라는 것도 숫자 놀음에 지나지 않은 것이라고 해도 큰 무리는 아닐 것이다. 그런데도, 사람들은 나이가 드는 것을 근본적으로 나쁜 것으로 치부하기 일쑤다. 사실, 필자처럼 나이가 들다 보면, 만나는 사람에 따라 "퍽 수척해 보입니다."라거나, 정반대로 "건강해지신 것 같네요." 라던가, "안색이 좋아지셨어요." 등과 같이 갖가지 서로 다른 내용의 인사를 받게 된다. 남에게 내 상태는 별로 중요한 대상이 아니다. 그렇다 보니, 좋은 말을 해서 손해 볼 것 없으니 생각나는 대로 적당히 인사치레하는 것이다. 그런데도, 많은 노인은 자기의 몰골을 남이 어떻게 볼까에 많은 관심을 두지만, 그러한 생각은 모두 자기의 마음에서 우러나는 허상에 지나지 않음을 알 필요가 있다. 이 '나'에 대해서 나만큼 알고, 또 나만큼 깊은 관심을 두는 것은 '나' 외에는 없다는 것을 알아야 한다.

위에서 살펴본 사실은 늙음이라는 것은 삶의 한 단계를 구획해 놓은 것에 불과한 것임을 알게 한다. 일반적으로 보면 나이 든다는 것과 실제의 늙음과는 직결된 것이 아니며, 나이가 드는 것은 살아있는 한 피할 수 없지만, 실제로 늙는다는 것은 각자의 상황에 따라 차이가 크다. 과연 그렇다면 늙음이란 무엇인지를 묻지 않을 수 없을 것이다. 노인이란 나이가 많아짐으로써 육체적으로나 정신적으로 노화 현상이 짙어지고 있는 사람을 가리킨다고 하겠다. 다시 말하면, 나이가 듦으로써 각종 기관과 기능에 변이가 나타나는 것으로서, 그 노화라는 것은 생물적 노화(生物的 老化: biological age)와 심리적 노화(心理的 老化: psychological age) 및 사회적 노화(社會的 老化: social age)를 포괄하는 것이다. 이들을 간단히 살펴보려고 한다. 먼저, 생물적 노화의 경우를 보면 노화가 진행됨에 따라 인체를 이루고 있는 100조 가까운 세포의 수가 차츰 감소되고 기능이 저하됨으로써, 만성 내지 퇴행성 질환이 증가하고 근력과 골밀도가 감소하여 거동에 불편을 느끼게 된다. 심리적 노화는 주로 생리적 노화가 심화되고 대외적 역할이 감소되거나 배제됨으로써 심리적으로 위축되고 무료해짐으로써 우울하여짐은 물론, 노화의 결과에 대한 두려움에 사로잡히는 일이 잦아지게 된다. 끝으로, 사회적 노화의 경우, 노화의 진행에 따라 점차로 사회적 참여에서 멀어짐은 물론, 교우관계가 소원하여짐으로써 오히려 노화를 촉진시키는 간접적 요인으로 작용하게 된다.

그러나 사람이 나이 들어 늙어간다는 것은 단순히 피할 수 없는 일에 그치는 것이 아니라, 누구나 할 것 없이 되풀이하여 경험하는 일상적인 일이기도 하다. 우리가 사람의 일생을 하루의 생활로 압축하여 보아도 비슷한 현상을 엿볼 수 있다. 우선, 이른 아침을 유소년기幼少年期, 오전을 청장년기靑壯年期, 이른 오후를 중년기中年期, 그리고 늦은 오후를 노년기老年期로 대비할 수 있을 것이다. 사람의 기분이나 능률은 마음에서 저절로 생겨나는 것이 아니고, 건강 상태나 수면 및 운동량 등은 물론, 하루의 시간대 같은 물리적 요인이 영향을 미친다는 사실을 부인할 수 없다. 그렇다 보니, 같은 문제라도 오후에 더 심각하게 느껴지고, 일에 대한 흥미나 관심이 떨어지며, 몸이 나른해짐을 느낄 수 있다. 사람은 오후가 되면 피로가 쌓이기 때문에 문제를 처리함에 필요한 에너지가 부족해지기 때문이라고 할 수 있다. 이러한 현상은 일 년의 경우도 크게 다를 것이 없다. 춘하추동春夏秋冬 가운데 노년은 겨울에 해당하기 때문이다.

그러니, 노화 현상은 늙음에 대한 스스로의 마음가짐에 따라 크게 달라질 수 있는 것임을 명심할 필요가 있다. 늙음에 대한 잘못된 생각은 나이 듦을 본질적으로 나쁜 것으로 치부하는 데 있다. 많은 사람은 젊음은 약동의 시기로서 긍정적인데 비하여, 늙음은 그와 대치되는 부정적인 속성의 것으로 인식함으로써 두려움의 대상으로 여기는 경향이 있는 것이 보통이다. 나이 듦에 대한 그와 같은 잘못된 관념은 노인을 심리적으로 위축시키고, 그럼으로써 각종 노화를 촉진하는 결과를 가져온다. 사실, 나이 들어 늙는다는 것은 피할 수 없는 자연현상일 뿐 아니라, 이 세상에 태어나 살아오는 동안에 받은 헤아릴 수 없이 많은 갖가지 값진 선물에 대한 자그마한 보상 정도의 것이다. 나이 듦이나 늙음이라는 속성을 가지는 고유한 실체가 따로 있는 것이 아니라는 것을 알아야 한다. 유독 사람이 나이만 들고 죽지 않는다고 가정해 본다면 끔찍한 일이 아닐 수 없다. 사람의 수는 기하급수적으로 증가하게 될 것이고, 폭발적으로 증가하는 사람이 먹고 살 식량에는 한계가 있어 식량난을 피하기 어려울 것이며, 생활을 지탱하기 위하여 한정된 일자리를 놓고 벌어지는 경쟁은 상상을 초월할 것이 분명한 일이다. 어디 그뿐인가? 사람의 삶은 권태로움을 피할 수 없고, 인간관계의 계속된 유대는 기대하기 어려울 것이니 말이다. 그러니, 나이 들면 늙고, 늙으면 죽어 돌아간다는 것이 얼마나 다행스러운 일인지 가늠하기조차 힘들다.

2. 노후老後의 질병과 죽음은 익었다는 것

모든 것은 익으면 떨어진다. 나무의 열매는 그 좋은 보기이다. 열매가 맺혔을 때만 해도 열매는 여간해서 잘 떨어지지 않는다. 그뿐만 아니라, 익기 전의 열매는 딱딱하고 독성이 강하여 누가 따려고 시도조차 하지 않는다. 그러나 열매가 잘 익으면 작은 벌레들조차 뜯어 먹을 수 있을 정도로 연해지는가 하면, 스스로 땅에 떨어져 씨앗을 흙에 내려놓는다. 그 얼마나 신묘한 자연의 이치인가? 사람이 늙어 몸이 쇠약해지고 병이 자주 찾아옴으로써 체력이 감퇴하여 마침내 죽음을 맞이하게 되는 것도 삶이 완숙한 단계에 이르렀음을 보이는 것이다. 그렇기 때문에, 노령에 이르기 전에 죽는 경우를 특히 요절夭折 또는 요서夭逝라고 하여 나이 들어 죽는 경우와 구별하는 것이다.

근래에는 갖가지 정보 매체의 발달로 말미암아 얼핏 눈에 띄지 않으나, 사실 노인은 우리의 생활에 필요한 지식의 자연스러운 저장고와 같다. 그래서 정신의학으로 유명한 베일란트(George Vaillant) 박사는 노인을 가리켜 "의미의 간수자看守者"라거나 후견인(guardian)이라 부르기까지 한다. 코끼리는 집단생활을 하는 동물로 알려져 있지만, 코끼리 무리를 이끄는 대표는 덩치가 큰 것도 아니고 힘이 더 센 놈도 아니며, 그 무리에서 가장 나이가 많은 암 코끼리가 그 무리를 이끈다고 한다. 나이 많은 코끼리는 오랜 경험과 어른 코끼리들로부터 전수한 지식으로 건기乾期에 물을 구하고 풀을 뜯을 수 있는 곳을 알고 있을 뿐만 아니라, 맹수들로부터 어린 코끼리를 지키는 방법을 잘 알고 있다. 그렇기 때문에 어린 코끼리들은 나이 든 코끼리의 이끎에 따르고, 그의 해박한 지식을 존중한다. 그러나 무리를 이끌던 코끼리도 노쇠하여 무리를 이끌기 어려워짐을 알게 되면 다음 차례의 코끼리에게 필요한 경험 등을 모두 전수한 다음, 스스로 무리를 떠나 죽음의 길로 떠나는 의연함을 보인다. 우리에게 큰 교훈이라 아니할 수 없다.

완숙한다는 것은 무르익는다는 것이고, 무르익으면 더 나아갈 곳이 없이 원점을 향하여 돌아가게 된다. 앞에서도 설명하였지만, 극단적인 예로 무한하게 계속하여 존재할 것처럼 생각되는 천체天體의 경우를 보자. 밤하늘을 아름답게 수놓고 있는 별들은 생겨나서부터 그 별을 이루고 있는 원자를 연료로 삼아 그 융합融合으로 얻어지는 에너지의 힘으로 존재를 유지하다가, 자체의 연료를 모두 태우고 나면 순간적으로 초신성(超新星: supernova)의 대폭발을 일으킴으로써 자신의 물질을 모두 우주 공간으로 방출하여 그 별이 생겨나기 이전의 상태로 돌아가고, 초신성의 폭발로 우주에 흩어진 그 별의 잔해인 크고 작은 파편들을 통하여 또다시 새로운 별이 만들어져 나온다. 곧, 별의 죽음은 새로운 천체의 탄생을 뜻하게 된다. 사람의 경우도 별의 경우와 본질적으로 크게 다를 것이 없다. 사람이 나이 들어 늙음에 이르면 체력이 쇠퇴하고 질병이 잦게 되는 것은 출생 이전의 상태로 돌아가기 위한 죽음을 마련하는 과정이라고 할 수 있고, 그것은 매우 자연스러운 현상이다. 마치 과실이 잘 익으면 떨어져 씨를 땅에 내려놓을 채비를 하는 것과 다를 것이 없다.

II. 12지 인연因緣인 생生과 노병사老病死

1. 연기법

불가佛家에서는 그 가르침의 근본 교리의 하나로 연기법(緣起法: rule of causality) 또는 인연법因緣法을 든다. 연기법을 한마디로 말한다면 어떤 원인이 있고 그에 걸맞은 조건이 화합하여 상응하는 결과가 있게 하는 자연의 법칙을 말한다. 이는 인연생기因緣生起라는 말을 줄인 것으로, 법학계에서는 인과관계라고도 하고, 과학계에서는 인과법칙이라는 말을 주로 사용한다.

보드가야(Bodh Gaya) 가까이에 있는 흑림산黑林山에서 6년에 걸친 혹독한 고행을 하신 붓다께서는 나이렌자나강(R. Nairenjana) 변 보드가야의 나지막한 언덕에 널찍하게 가지를 드리우고 늠름히 서 있는 핍팔라나무11)

밑에서 선사禪思하시던 중 연기법을 깨치심으로써 성불하신 것으로 알려져 있다. 연기법은 모든 '것'은 어떤 원인이 성숙하여 합당한 조건을 만남으로써 이룩되는 결과로 보는 관념이라고 할 수 있다. 붓다께서 "연기를 보는 자는 법을 보고, 법을 보는 자는 연기를 본다,"라고 하실 정도로, 연기법은 붓다의 가르침의 근간을 이루는 중요한 원리이다. 연기법은 시공時空을 초월하여 보편타당성을 갖는 우주의 진리이기 때문이다.

연기법경緣起法經[12])에 의하면, 어느 날 한 비구가 "연기법은 세존께서 만드신 것입니까? 다른 사람이 만든 것입니까?"라고 묻자, 붓다께서는 다음과 같이 대답하셨다고 한다. 곧,

---

11) 핍팔라pippala나무는 인도 중북부에 많이 있는 관목灌木인데, 붓다께서 그 나무 밑에서 성불하심으로써 보리수(菩提樹: bodhi-tree)라 불리게 되었다.
12) 잡아함 12: 299 연기법경.

"연기법은 내가 만든 것이 아니요, 또한 다른 사람이 만든 것도 아니다. 그러나 그것은 여래가 세상에 나오거나 세상에 나오지 않거나 법계에 항상 머물러 있다. 여래는 이 법을 스스로 깨치고 정등각正等覺을 이루어 모든 중생을 위하여 분별하여 연설하고 드날리고 드러내 보이니라. 이른바, '이것이 있기 때문에 저것이 있고, 이것이 일어나기 때문에 저것이 일어난다.'는 것이다. 무명을 인연하여 뜻함이 있고 내지 순전한 큰 괴로움의 무더기가 모이며, 무명이 사라지기 때문에 뜻함이 사라지고 내지 순전한 큰 괴로움의 무더기가 사라지느니라."

이렇게 말씀하신 것은 연기법의 법계상주성法界常住性과 함께 연기법의 내용을 진솔하게 밝히신 예라고 할 수 있다. 이러한 연기법은 남방불교인 상좌부불교(上座部佛教: Theravada)와 이른바 대승불교(大乘佛教: Mahayana) 및 금강승(金剛乘: Vajirayana)을 관통하는 불교의 공통

분모가 되는 것임은 다시 말할 나위조차 없다.

2. 인과의 상호관계

앞에서도 지적한 바와 같이 연기법은 간혹 '인과법'으로도 불린다. 그러나 이는 다분히 오해의 소지가 있는 표현이다. 왜냐하면, 인과법이라고 하면 '원인'과 '결과'가 분리된 각각 별개의 것으로 도식화해서 생각할 수 있기 때문이다. 곧, 원인은 항시 결과에 앞서고, 하나의 원인은 반드시 하나의 결과로 이어지는 것으로 보는 것이다. 그러나 모든 것은 원인과 조건이 화합한 결과이어서, 원인이 결과를 맺을 적절한 조건이 곁들이지 않는다면 원인이 있어도 그에 대한 결과가 따르지 않을 수 있음은 당연한 일이다. 예컨대, 꽃의 충실한 씨앗이 땅에 떨어졌지만, 우연히도 그 씨앗이 바람에 날려 아스팔트 도로 위로 날려간 뒤 비가 옴으로써 하수도 속으로 흘러 들어갔다면 그 씨앗은 결과를 맺지 못한 채 썩고 말 것이다. 그뿐만 아니라, 하나의 원인이 하나의 결과를 가져온다는 것은 비현실적인 일이다. 왜냐하면, 원인은 동시에 결과로서의 의미가 있는 것이기 때문이다. 예컨대, 달걀은 닭 속에 들어 있고, 닭은 달걀 속에 있다. 그러므로 닭과 달걀은 상호의존관계를 전제로 생기는 것임을 알 수 있다. 원인은 결과를 맺되, 결과는 또한 다른 것의 원인이 되는 순환관계(循環關係: cyclic rotation)에 있는 것임을 이해하여야 한다. 그렇기 때문에 연기는 시간과 공간을 초월하는 개념이다.

연기적인 사유思惟를 통하여 우리는 결과 안의 원인을 파악하고, 원인 안에 존재하는 결과를 살핌으로써 상즉상입相卽相入, 곧 파도와 물의 경우처럼 원인과 결과가 조건을 매개로 서로 자기를 폐하여 같아지고, 서로 걸림 없이 융합하는 관계를 통찰할 수 있다. 그와 함께,

연기적 사유는 무상無常하고 가변적可變的인 것 자체가 그대로 불변의 진리로 파악하는 지혜로 통한다는 점에서, 플라톤(Platon)이나 아리스토텔레스(Aristoteles)와 같은 고대 그리스의 철학자들이 무상하고 가변적인 것 너머 불변의 진리를 추구한 것과는 대조를 이룬다.

여기에서 연(緣: condition)에 관하여 잠깐 살피고 넘어가는 것이 좋을 것 같다. '연'이란 한 마디로 원인을 도와 결과를 낳게 하는 조건이나 작용을 말한다. 같은 원인이라 해도 그 원인을 실현하게 할 조건에 따라 결과를 낳는 시기나 상태가 다르다는 것은 우리가 일상에서 자주 경험하는 일이다. 예컨대, 같은 밤나무에서 딴 하나의 밤송이 속의 세 개의 밤을 하나는 햇볕이 잘 들고 물기가 있는 곳에 심고, 다른 하나는 토박한 곳의 큰 나무 밑에 심었으며, 마지막 하나는 개천가에 심었다. 그러자, 같은 밤송이 속의 세 개의 밤을 같은 날 심었는데도 양지바르고 물기가 있는 곳에 심은 밤은 일찍 싹이 터서 잘 자라고 있는데, 토박한 곳의 큰 나무 밑에 심은 밤은 한 달쯤 뒤에야 싹이 텄지만 자라는 것이 신통치 않고, 개천가에 심은 다른 하나는 영영 싹이 트지 않고 말았다. 이는 식물이 싹을 틔우고 자라는데 필요한 기본적인 조건인 햇빛과 수분이라는 조건이 각각 달랐기 때문에 일어난 결과의 차이인 것이다. 결국, 같은 나무에 열린 씨앗도 떨어질 때의 상황, 떨어진 위치, 떨어진 상태 등에 따라 운명이 달라지는 것임을 알 수 있으며, 심지어 같은 나무의 열매도 맺은 위치나 상태에 따라 모양이나 맛은 물론, 익는 상태조차 차이가 남을 알 수 있다. 그러므로 어느 것 하나 고정되고 불변하는 본성은 없고, 시기와 주어진 조건에 따라 그 '것'의 의미와 위치 및 효용이나 상태가 달라짐을 알 수 있다. 이와 같은 관계는 사람이라고 해서 예외가 될 수 없음은 물론이다.

3. 생겨남生과 늙고 병들며 죽음[老病死]

연기법의 내용을 설명하는 방법에는 여러 가지가 있어, 간단한 2지支에서 가장 많이 활용되는 12지에 이르기까지 다양한 것이 사실이다. 우선 2지 인연이란 "이것이 있기 때문에 저것이 있고, 이것이 일어나기 때문에 저것이 일어난다."라는 상호의존적(相互依存的: mutual dependant)인 관계를 말하며, 12지 인연은 어리석음[無明], 뜻함[行], 의식[識], 몸과 정신[名色], 육근[六入], 닿음[觸], 느낌[受], 탐애[愛], 집착[取], 존재[有], 생겨남[生] 및 늙고 병들며 죽음[老病死]이 서로 이어져 이들이 고리가 돌듯하면서 생로병사生老病死가 존재하게 됨을 설명하는 것이다. 연기법은 위에서 본 연기법경緣起法經을 통해서도 알 수 있는 바와 같이 "여래如來가 세상에 나오거나 나오지 않거나 법계法界에 항상 머물러 있는 우주의 진리이다."13) 위에서 본 12지 인연 가운데 이 책과의 관계에서 특히 관심을 끄는 것은 11지와 12지, 곧 생겨남[生]과 늙고 병들며 죽음[老病死]이라는 부분이다.

생겨나 늙고 병들며 죽는다는 것은 사람의 일생 과정인 생로병사生老病死이다. 그런데 12지 인연은 생로병사를 한 묶음으로 다루거나 하나하나 떼어 생, 로, 병, 사로 다루지 않고, 노병사, 곧 늙고 병들며 죽음은 한 묶음으로 하여 '생'과 '노병사'로 나눈 2지로 하였다는 점이 흥미롭다. 왜 '생'은 따로 하면서 '노병사'는 한 묶음으로 다루었을까 의아하지 않을 수 없다. 그러나 필자 자신과 주변의 많은 친지를 통한 경험이 쌓이면서 그 참뜻을 나름대로 이해하게 되었다. 사람은 나이 들어 늙으면 크건 작건, 만성적이거나 급성이거나 가릴 것 없이 병이 자주 생겨 병을 달고 사는 것처럼 보이

13) 저자 편역, 전해오는 부처의 가르침 II, 2004, 24쪽.

는 것이 보통이며, 그 결과는 죽음으로 이어진다. 그러니, 늙음과 병듦과 죽음을 구획하려는 것 자체가 무모한 일인 것 같다. 암으로 죽음을 앞둔 문학평론가 이어령 씨는 "죽을 때 뭐라고 해요? 돌아가신다고 하죠. 그 말이 기가 막혀요. 나온 곳으로 돌아간다면 결국 죽음의 장소는 탄생의 그곳이라는 거죠. 생명의 출발점."이라고 담담히 밝혔다. 늙으면 그와 함께하는 병과 죽음을 멀리하기보다 너그럽게 감싸고 받아들이는 것이 필요하다. 자기 외에는 누구도 자기의 늙음과 병 그리고 죽음을 마음으로 느껴 감싸줄 수 있는 사람은 없다. 주변의 많은 사람은 혹은 "안색이 좋아졌다."라거나, 혹은 "건강해 보인다."라는 등 듣기에 싫지 않은 말을 하는 것이 보통이다. 모두가 공치사(lip-service)다. 그러나 알고 보면 가까운 사람도 남에게는 큰 관심이 없는 것이 통례이고, 자기만큼 자기를 생각하는 사람은 없다. 그러한 남이 어떻게 보고 어떻게 생각할까에 매어 그에 관심을 기울이며 살자니 허망한 일이 아닐 수 없다. 모든 것은 우리가 좋아하든 싫어하든 관계없이 우주의 순리에 따라 묵묵히 돌아갈 뿐이다. 우리가 사는 이 자연의 세계는 끊임없이 움직임으로써 변화의 과정을 순환하는 것이기 때문이다.

사람들은 나이에 관계없이 자기가 배우고 경험함으로써 얻은 지식의 중요성은 강조하면서 정작 지혜智慧, 곧 슬기로움에 관해서는 별로 관심을 두지 않는 것이 보통이다. 그러나 지식이라는 것은 사물이나 환경에 관한 개개의 단편적인 사실상, 경험상의 인식으로, '안다'는 의식의 작용에 지나지 않은 것이다. 이에 대하여, 지혜는 개별적이고 단편적인 인식의 집합이 아니라, 사리事理를 밝히고 잘 처리해 나가는 종합적인 능력을 말하고, 이를 우리는 흔히 '슬기'라는 말로 표현한다. 우리는 흔히 과거에 집착함으로써 나이 들어 고령자가 되어도 지난날의 추억에 매어 현재에 대한 불만을 증폭시키는 예가 많으나, 과거는 이미 멀리 흘러간 옛이야기에 불과하고, 우리가 누릴 수 있는 것은 현재뿐임을 간과한다. 우리가 과거에 매어 있는 동안에도 세월은 쉴 사이 없이 흘러가고 늙음은 그 세월에 실려 오는 것임을 아는 지혜가 필요하다. 우리가 사람으로 태어나 오랫동안 살아온 것을 안다면 죽음이 멀지 않다는 것도 알아야 할 것이며, 이미 태어난 것은 알지만 어디서 왔는지를 모른다면 죽어서 어디로 갈지를 모르는 것은 오히려 당연한 일이 아닐까?

III. 고령사회高齡社會와 노인의 처지

1. 고령사회에의 진입

전 세계적으로 노령인구가 늘어남에 따라 그 나라의 인구에서 노인이 차지하는 비율의 정도에 따른 기준으로 UN은 고령화 사회는 노인 비율이 7% 내지 14%, 고령사회는 14% 내지 20%, 초고령사회는 20% 이상인 경우로 정하였다. 우리나라는 이미 21세기에 접어들면서 노인 인구의 비율이 7.2%에 달하여 고령화사회에 진입하였고, 2010년까지에 10.8%로 늘었다가 2020년에는 15.6%로 노인 비율이 크게 증가할 것으로 예측됨으로써 우리나라는 이미 고령사회를 맞게 된 것이다. 의료기술과 신약개발의 촉진은 물론 위생수준과 생활환경의 개선 등에 힘입어 각국에서 평균수명이 크게 연장됨으로써 노인 인구가 차지하는 비율은 크게 상향

된 것이 사실이다. 노인 인구의 증가가 세계적인 경향이 됨으로써 노인에 대한 관심이 높아지고, 각국에서는 정도의 차이는 있더라도 노인에 대한 의료보장과 노후 생활보장은 물론 사회적 관심을 진작하는 정책을 펴지 않을 수 없게 된 것을 부인할 수 없다.

한편, 고령사회를 맞아 노인을 공경하고 효친孝親하는 미풍양속美風良俗을 진작하며 노인에 대한 사회적 관심을 제고하는 의미에서 노인을 기리는 기념일을 정하는 것도 매우 의의意義 있는 일이라고 할 수 있다. 그런 의미에서 1990년 오스트리아의 빈(Wien, Austria)에서 열린 제45차 UN 총회에서는 10월 1일을 국제 노인의 날(International Day of Older Persons)로 정하면서, 회원국에 대해서도 국가 단위의 기념일을 정하여 시행할 것을 권고하였는바, 매우 뜻깊은 일이었다고 하겠다. 그 결의에 따라 한국에서는 1997년에 이르러 "각종 기념일 등에 관한 규정"을 개정하여 5월 8일의 어버이날에 더하여 10월 2일[14]을 노인의 날로 추가 제정함으로써 정부 기관은 물론 지방자치단체는 노인의 날의 의의를 확포擴布하는 행사를 행하도록 함과 동시에, 10월을 경로의 달로 하였다. 미국에서는 10원 1일을 조부모祖父母의 날(Grandparent Day)로 하는가 하면, 일본에서는 경로의 날로 하는 등 많은 나라에서 UN의 뜻을 존중하여 노인의 날을 정하여 노인에 대한 존경과 관심을 제고하고 있음은 노인에 대한 큰 위로가 됨은 물론, 노인 자신의 삶에 의미를 부여할 수 있는 계기가 될 것으로 믿는다.

지난 12월 4일 통계청이 발표한 '2018년 생명표'에 의하면 60세인 한국인의 남은 수명은 평균 25.2년으로, 10년 전보다 2년 정도 늘어난 것으로 조사됐다. 기대수명은 2008년에 79.6이었으나, 10년 사이에 82.7년

---

14) 10월 1일이 국군의 날이므로 10월 2일을 노인의 날로 정한 것으로 짐작된다.

으로 늘어남으로써, 100세까지 생존할 확률은 여성이 3.7%, 남성이 1.0%가 된다. 그러나 문제는 '기대수명'은 위에서 본 바와 같이 늘고 있으나, 아프지 않은 상태로 보낼 수 있는 기간인 '건강수명'은 감소되고 있다는 사실이다. 곧, 건강수명이 2012년에는 65.7년이었는데 비하여 2018년에는 64.4년으로 오히려 퇴보하였음을 보이며, 노인의 중요한 사망원인이 되는 폐렴에 의한 사망률은 10년 전에 3.2%이던 것이 2018년에는 10%까지 치솟았고, 알츠하이머병(Alzheimer)도 2017년의 2.8%에서 2018년에는 3.2%로 증가하였음을 알 수 있다. 이는 고령화시대가 되어 노인의 인구가 크게 증가하고 있는 반면에, 건강수명은 오히려 감소세를 보이는 것으로, 노인의 대표적인 문제의 하나인 건강 문제의 심각성을 드러내 보인 예라고 할 수 있다. 왜냐하면, 노인 인구의 증가나 평균수명의 상향에 발맞추어 건강수명도 증가하는 것이 바람직한데도, 노인 인구나 평균수명의 증가와 관계없이 건강 수명이 감소된다는 것은 노인으로서 건강문제로 인한 괴로움을 겪는 기간이 길어짐을 의미하는 것이기 때문이다.

2. 노인의 사회적 처지

노인 인구가 급격히 증가하는 경향에 따라 각국에서는 나름대로 노인의 복지정책을 펴는가 하면, 민간차원의 사회복지사업에도 관심이 높아지고 있는 것이 사실이다. 그러나 근본적인 문제는 노인 각자의 인식에 달려 있다고 할 수 있다. 왜냐하면, 노인문제의 근본은 노인 각자의 마음가짐과 직결되는 문제이기 때문이다. 정성 들여 가꾼 화단의 아름다운 꽃이나 보아주는 사람도 없는 들판에 외로이 핀 들꽃이나 가릴 것 없이 꽃은 누가 보든 보지 않든 스스로 피고 지며, 짙은 구름에 가리거나 달이 일식日蝕으로 해를 가려도 해는 불평하나 없이 천지를 비출 뿐이다. 사람들이 꽃을 이리저리

평가한다거나, 해를 가린 구름을 탓하는 것은 어디까지나 남의 배려에 지나지 않는다. 노인의 문제도 근본을 보면 마찬가지 일이다.

핵가족화가 보편화된 상태에서 노인은 대가족제의 가부장제였던 지난날의 노인과는 처지가 사뭇 달라진 것이 사실이다. 우선, 노인이 되면 노부부만의 단출한 생활을 하거나 독거노인의 생활을 하지 않을 수 없는 경우가 많아지고, 분가하여 사는 자식들은 각자의 생업에 매어 부모를 자주 찾을 겨를이 없는 것이 보통이다. 그러니, 노인은 많은 경우 존경의 대상에서 천덕꾸러기로 전락한 것처럼 느껴짐을 피하기 어렵고, 노인들은 자기가 현재 처하고 있는 입장을 보고 자괴심이 드는 경우가 적지 않은 것도 무리는 아닐 것이다. 여기에서 노인 문제의 심각성이 비롯된다고 할 수 있다.

노인 문제는 단편적인 것이 아니고 복합적이라는데 특성이 있다. 예컨대, 사회에서 배제됨을 느끼는 심리적인 문제로부터, 경제적인 어려움과 함께 찾아오는 건강 문제 등이 한꺼번에 몰려오는 것이 보통이다. 그러자니, 불면증(不眠症: insomnia)에 시달림은 물론, 한발 한발 다가오는 죽음에 대한 불안 및 생활과 질병에 대한 괴로움 등이 겹쳐 마음이 편할 날이 없다. 특히, 적지 않은 노인들이 우울증(憂鬱症: hypochondria)을 겪음으로써 결국 치매나 건망증 등의 정신병에 시달리고, 심약한 사람은 불행한 결단에 이를 위험에까지 놓이게 된다. 우리나라의 경우, 노인의 자살률은 특히 높아 2016년 기준으로 OECD국가의 자살률은 평균 10만 명당 11.3명인데 비하여 우리나라는 그 3배인 31.7명에 이르러, 미국과 일본의 각각 14.5명과 17.9명에 비하여도 월등히 많음을 알 수 있다.[15] 앞에서도 보았듯이 '병듦'과 '죽음'은 나이 들어 늙으면 누구에게나 찾아오는 필연적인 과정이다. 사람으로 태어났기 까닭에 늙음

---

15) 메디칼 투데이 박민욱 기자, 2019. 10. 20. 네이버 블로그 "취약 계층 '노인'의 높은 자살률" 참조.

이 있고, 늙었으므로 병이 자주 찾아들며 죽음이 오는 것은 우리의 삶에 부수된 당연한 결과임을 인식할 필요가 있다. 인연 까닭에 왔으니 '공'空에서 연緣이 다하면 '공'으로 돌아갈 뿐이다

시작이 있으면 끝이 있는 것이고, 태어났기 까닭에 죽음이 있을 뿐만 아니라, 태어남과 죽음은 자기의 뜻대로 되는 것이 아니라는 엄연한 현실을 과연 누가 외면할 수 있겠는가? 마음을 편히 하고 묵묵히 받아들이는 것이 상책이다. 노인의 문제는 전체적으로 보면 사회문제에 속한다고 하겠으나, 현실적으로는 노인 각자의 문제이다. 불안하다거나 무료하고 우울하다는 것은 스스로 그렇게 느끼기 때문이고, 같은 처지라도 본인이 그와 같이 생각하지 않는다면 그 사람은 불안하거나 우울할 이유가 없다. 결국, 각자의 마음의 문제로 귀착한다고 할 수 있다. 생각은 중요한 것이 사실이지만, 많은 생각이 쓸데없는 것이라는 것도 또한 엄연한 사실

이다. 노인들과 이야기를 나누다 보면, 자기는 차라리 짧고 굵게 살았으면 좋겠다고 말하는가 하면, 반대로 자기는 길고 가늘게 살기를 원한다고 목소리를 높인다. 그러나 사람의 삶이란 본인의 뜻에 따라 길고 짧음이 정해지는 것이 아니라는 것쯤은 누구나 아는 일이다. 그러니, 구태여 희망을 말한다면 길거나 짧음에 치우침이 없는 중도中道를 택하는 것이 온당하고 마음 편한 일이 아닐까 싶다.

제3장

|
.

'공'하므로, 태어나면 '노병사'가 따른다.

자기 나이에 맞는 이지理智를 갖지 못하는 사
람은 그 나이가 가지는 온갖 불행을 면치 못
한다.

볼테르 Voltaire

I. '공'이란 무엇인가

1. '공'空의 개념

'공'은 불교 근본 교리의 하나로서, 모든 것은 본래부터 그 자체로 존재하는 실체(實體: reality)가 아니라, 인연이 닿아 여러 인자因子가 모여서 된 일종의 구성물에 불과하다는 것을 말한다. 이러한 '공'의 관념은 기본적으로는 우주적 측면에서 볼 수 있는 것임은 물론이나, 사람은 모든 것을 우선 눈에 보이는 현실적인 면에서 파악하는 경향이 강하여 이 현상계現象界에서의 '공'의 관념을 중심으로 거론하는 것이 보통이다.

우리가 아는 이 우주는 무변무진無邊無盡한 공간(space)으로, 그 공간은 모든 것의 원천이며, 그곳은 바로 모든 것이 생기고 존재하며 활동하는 터전이라고 할 수 있다. 그래서 모든 것은 '공'에서 왔다가 '공'으로 돌아간다고 하는 것이며, 비었기 때문에 원자(原子: atom)도 에너지도 존재가 가능하다는 것은 의심의 여지조차 없는 일이다. 인도의 용수보살이 그의 중론中論에서 "만일 '공'이 없다면 어떠한 존재도 있을 수 없다."라고 설파한 것도 같은 뜻의 것이다.

일찍이, 데카르트(Rene Descartes)의 설명에 의하면, 원래 티끌(dust particles)들이 뒤죽박죽으로 뒤섞여 소용돌이치는 공간으로 시작된 우주가 주로 중력(重力: gravity)에 끌려 비교적 큰 덩치들을 중심으로 모임으로써 별(star)이 되고,16) 수많은 별이 모여 은하(銀河: galaxy)를 이룸은 물론, 각 은하 속에는 별의 주변을 도는 행성(行星: planet), 또 그 주변의 소행성(小行星: asteroid)과 그들의 집단(asteroid cluster) 및 수를 알 수 없을 정도

---

16) Ian Stewart, Calculating the Cosmos, 2016, p. 28.

의 혜성(彗星: comets)들이 밤하늘을 장식하고 있다. 어디 그뿐인가? 우주는 원자나 에너지 등을 비롯하여 이름조차 제대로 알 수 없는 암흑물질(暗黑物質: dark matters)과 암흑에너지(dark energy)로 가득하여 그 생멸과 이합집산의 과정이 눈부시게 전개되고 있음은 이미 잘 알려진 사실이다. 그러니, 우주를 가득히 장식하고 있는 갖가지 별들은 물론, 우주에 널려 혹은 별의 한 부분이 되거나 혹은 다른 물질을 이루게 된 '것'도 본래부터 그러한 실체(實體: reality)로 존재한 것이 아니라, 어느 시점인가의 조건에 따라 여러 원자나 쿼크(quark)와 같은 미립자와 가스(gas) 등이 모여 만들어낸 것에 불과하다. 그렇기 때문에, 그러한 '것'들은 그 수명이 인간보다 월등히 긴 까닭에 우리가 실감하기는 어렵지만, 설혹 그 존재기간이 월등히 길더라도 초신성의 폭발에서 볼 수 있는 바와 같이 언젠가는 부서져 사라질 운명에 있는 것만은 분명한 것이며, 여기에서 우리는 우주적인 '공'을 이해할 수 있다.

아무튼, 밤하늘을 가득 메우듯 한 별들을 비롯하여 우주 공간의 모든 물질은 일정한 조건에 따라 우주에 널려있는 극미립자나 가스가 모여 만들어진 것으로, 나름의 존재와 활동을 유지하다가 조건이 다하면 언젠가는 초신성(超新星: supernova)처럼 별의 진화과정의 마지막에 이르러 대폭발을 함으로써 다시 원점으로 돌아가거나, 동력을 잃어 다른 별에 끌려 충돌하는 최후를 맞게 된다. 그러니, 우리에게 경이롭게 느껴지기까지 하는 우주에 가득한 물질들도 본래부터 그에 고유한 실체가 있는 것이 아니라 조건에 따라 생주괴멸生住壞滅을 거듭하는 외형에 지나지 않는 것이며, 영국 월위크대학의 스튜아트(Ian Stewart) 교수가 그의 '우주의 측정 Calculating the Cosmos'에서 "형상(形象: appearance)은 허상(虛像: deceptive)".[17]이라고 단언한 것은 바로 우주 물질의 무실체성無實體性을 지적한 것이다. 여기에 우리는

---

17) Ibid., p. 130.

우주적 차원에서의 '공'의 모습을 볼 수 있는 것이다.

세간에서 널리 읽히고 있는 반야심경般若心經은 '오온개공五蘊皆空'이라고 하여 오온세간五蘊世間이 모두 '공'한 것임을 분명히 하였다. 오온세간이란 기세간器世間과 같은 뜻으로, 중생을 수용하는 세간, 곧 이 세상을 말한다. 물질色, 느낌受, 생각想, 뜻함行과 의식識인 오온은 물질의 존재인 색과 정신작용인 수상행식受想行識을 합친 것이어서, 물질과 정신의 결합체는 곧 중생이고, 그러한 중생과 그를 둘러싼 모든 현상을 안고 있는 세간을 오온세간 또는 기세간이라고 부르는 것이다. 그러므로 반야심경에서 말하는 '개공皆空', 곧 모두 '공'하다는 것의 대상은 오온세간임과 동시에, 거기에 존재하는 인간을 포함하는 모든 '것'이라고 할 수 있다. 결국, 이 세상의 사람을 비롯한 모든 것은 '공'한 것, 다시 말하면 본래부터 그 자체로서의 실체성實體性을 갖는 것은 하나도 없다는 것이다. 바꾸어 말하면, 모든 것은 인연이 닿아 여러 인자因子가 모여 구성된 것이어서, 그처럼 생겨난 것은 일정한 조건 아래 존재를 계속하면서 변하고 망가짐으로써 결국 본래의 상태, 곧 극미립자(極微粒子: particle)로 되돌아가는 것이다.

2. '공'은 '무'가 아니고, 상호의존관계의 바탕

한편, 우리가 말하는 '공'이란 '무無와는 전혀 다른 것임을 유의하여야 한다. 얼핏 생각하면, '공(空: emptiness)'이란 '비었다'는 것이니, '빈 것'이란 아무것도 '없다 nothingness'는 뜻이라고 생각하기 쉬우나, 아무것도 없이 텅 빈 공간은 물리적物理的으로 있을 수 없다. 과학자들이 실험목적으로 만들어내는 진공(眞空: vacuum)상태라는 것도 낮은 수준의 양자장(量子場: quantum field)과 전자력장(電磁力場: electromagnetic field) 및 거기에서 자연히 튀어나오는 입자粒子들은 그대로인 것이어서, 갈파드(Christophe Garfard) 박사가 단언한 바와 같이 "이 세상에 아무것도 없는 것과 같은 것은 없다(No such thing as nothing)."[18] 더욱이, 위에서 본 이안 스튜어트 교수는 "오늘날의 물리학에 있어 진공은 결코 빈 공간이 아니다."[19] 라고 분명히 밝히고 있다. 결국, '공'은 결코 '무'의 뜻이 아님을 알 수 있다.

인간을 비롯하여 우리 주변의 만상은 분명히 존재하고 또 우리는 그 존재를 인지함에도 불구하고 그러한 '것'들이 '비었다'니 의아해할 수도 있는 일이다. 그러나 여기에서 '비었다'거나 '없다'는 것은 현실적인 존재 그 자체를 부정하는 것이 아니라, "본래부터 그 자체로서의 실체를 지니고 있는 것"은 없다는 것이다. 곧, '없다'는 것은 우리가 인식하는 만상의 그 자체로서의 실체성이다. 그뿐만 아니라, 영국의 석학 리차드 도킹(Richard Daukins) 박사는 우리가 고정적인 물질처럼 보

---

18) Galfard, The Universe in your Hand, 2015, pp. 217, 218.
19) Stewart, Ibid. p. 253.

거나 느끼는 것도 실은 원자핵이나 전자에 지나지 않음을 인식할 필요가 있다고 하면서, 원자라는 것도 그 자체가 하나의 입자가 아니라, 그 속이 거의 빈 공간이고 그 빈 공간에 원자핵이 있어 그 둘레를 빠른 속도로 전자(electron)가 돌고 있는 것이어서, 우리가 보는 물질이라는 것도 그 구성인자인 원자나 원자핵의 단계로 내려가면 물질과 공간의 구분 자체가 무의미해진다고 확언하고 있다.[20] 이는 모두 우리가 일상 대하는 것들은 실체가 아닌 허상임을 단언한 것이다. 양자물리학의 거두인 닐스 보어(Niels Bohr)는 "우주의 삼라만상은 우리가 그것을 봄으로써 비로소 존재한다."고 확언하였고, 18세기 영국의 경험론적 철학자인 버클리(George Berkley)는 "존재하는 것은 곧 지각知覺된 것이다."라고 하였는데, 이는 "지각되지 않으면 존재하지 않는다."는 말과 같다. 아무튼, 우주를 지배하는 것은

---

20) Daukins, The Magic of Reality, 2012, pp. 88, 89.

우연과 확률, 곧 예측 불가능성이라고 할 수 있고, 모든 '것'은 원자로 구성되어 있기 까닭에, 우주는 조건의 성숙에 따라 여러 인자因子가 모여 구성된 '것들'의 전시장展示場이라고 할 수 있겠다.

'공'은 존재를 나타내는 핵심인 것으로, 전자(電子: electron)의 이동과 양성자(陽性子: proton)의 부피 변화를 통하여 변한 각종 원자가 인연에 따라 결합함으로써 생겨난 구성물이 그 존재를 유지하면서 변화를 거듭하다가 인연이 다하면 원래의 상태로 되돌아가는 과정을 되풀이하는 것이 우리가 보는 존재 현상이다. 그러므로 '공'의 참뜻은 모든 것은 본래부터 그 자체로서 존재하는 것이 아니라 일종의 구성물에 불과하여 그 자체로서의 고유한 실체성(實體性: reality)이 없음을 말한다. 그렇기 때문에, 모든 것은 무엇인가에 의지하여 생기는 것(dependent arising)이고, 무엇인가에 의지하여 생겨난 모든 것은 정도의 차이는 있더라도 모두가 상호의존관계(相互依存關係: interdependency)의 틀 안에 있는 것이다. 다시 말하면, 양자물리학(quantum physics)에 의하면 모든 것은 관계적 실체성(relational nature of reality)을 가지는 것으로서, 양자물리학의 석학으로 널리 알려진 아더 제아이온스(Arthur Zajonc) 교수는 "모든 '것'은 개별적인 것이 사실이지만, 더욱 미세한 단계에서 그들은 상호 연결성(interconnections)을 가진다."라고 하면서, "우주의 모든 것은 우리가 상상할 수 없으리만큼 서로 연결되어 있다."[21]라고 말한 것을 유의할 필요가 있다. 이와 같이 볼 때, 모든 것은 궁극적으로는 일체성(一體性: oneness)을 가지는 것으로 볼 수 있다.

결국, '공'은 모든 생물은 상호의존관계의 틀 안에서 존재를 유지하는 것임을 시사함에도 불구하고, 그에 별로 관심을 두지 않는 인간의 탐욕과 어리석음[愚癡]으로

---

21) Hasenkamp and White, eds., The Monastry and the Microscope, 35.

수를 알 수 없으리만큼 많은 생물의 종(種: species)이 멸종되는 비운을 맞고 있음을 우리는 안다. 우선, 2018년과 2019년에 걸쳐 중국에서만 약 1억 마리의 돼지가 아프리카돼지열병으로 생명을 잃었고, 고래의 평균수명은 100년에 이르지만, 인간의 남획과 통발의 밧줄 및 선박과의 충돌로 근래에는 고래의 약 80%가 30년도 못살며, 호랑이는 지난 100년 동안에 야생종의 약 97%가 지구상에서 사라졌다고 한다. 그뿐 아니라, 전 세계적으로 가장 빠른 속도로 사라져 가고 있는 종이 꿀벌인데, 국내의 토종벌은 이미 90% 이상이 사라 졌다는 통계도 있다고 한다.[22] 이와 같은 현상은 첫째로 인간의 무분별한 자연개발로 인한 서식지 변화, 둘째로 인간에 의한 남획, 셋째 농약, 넷째로 환경오염이 주된 원인인 것으로 들고 있으며, 그 모든 것은 인간에 의하여 빚어진 일들임을 유의할 필요가 있다. 이와

---

22) 조선일보, 2019. 11. 30. A18 '멸종위기 동물들이 인간에게 건넨 편지' 참조.

같은 현상은 '공'의 이치인 서로 공존하여야 할 생물 사이의 연결망을 크게 훼손하여 각 종의 자연적인 생존을 방해함으로써, 각 종들이 필요로 하는 생존상의 지혜의 축적을 불가능하게 만드는 꼴이라고 할 수 있다. 사람의 경우와 마찬가지로 다른 생물도 나이 듦을 필요로 하는 것을 알아야 한다.

3. '나'란 무엇인가?

우리는 삶을 유지하는 동안 어려서부터 지금까지 언제나 '나'를 내세우면서 살아왔지만, 우리는 거의 무심코 '나'라는 말을 쓰고 있을 뿐 '나'를 제대로 알고 쓰는 것은 아니다. '나'라는 것은 과연 무엇인가? 이 몸이 '나'인가? 아니면, 흔히 말하기를 사람은 몸과 마음으로 이루어졌다고 하니 이 몸과 마음이 '나'인가? 늙는 것은 '나'인가, 이 몸인가? 의문이 꼬리를 잇지만, 그에 대한 답은 보이지 않는다.

이 몸은 자세히 챙겨보면 헤아릴 수 없이 많은 세포와 미생물이 모여서 된 고깃덩어리에 지나지 않으며, 그 세포라는 것도 수십만 개씩이 한때도 쉬지 않고 순간순간에 죽고 또 새로 생겨나기를 되풀이하면서 살아 숨 쉬고 있는 것에 불과하니, 그것이 '나'라고 보기에는 석연치 않은 점이 하나둘이 아니다. 더욱이, 근년의 의학 발달로 인하여 많이 볼 수 있는 인공장기人工臟器의 이식이나 치아의 인플랜트(inplant) 및 얼굴 등을 뜯어고치는 성형수술을 본다면 이 몸이 '나'는 분명히 아닌 것 같다. 만일 이 몸이 '나'라고 한다면 장기이식이나 성형수술을 할 때 그 '나'가 가만히 있을 것 같지 않다. 이 몸을 곰곰이 챙겨보면 내 몸이라 할 것이 없으며, 모든 경계를 살펴보아도 또한 그러하니, 모든 것이 '공'으로 돌아가게 된다. 또, 마음이 '나'라는 것도 이해하기 어렵다. 만일, 마음이 '나'라면 그 마음이 어디에 있고, 어떻게 생겼는지 정도는 내가 알 수 있어야 하지 않겠는가? 조용히 마음을 가다듬고 앉아 과거에 느꼈고 현재에 느끼고 있는 갖가지 빛깔, 소리, 냄새, 감촉이나 모든 바깥의 대상을 살펴보아도 딱히 있다고 할 것이 무엇인가? 하기야, '나'라는 것이 쉽게 잡히는 것이 아니기 때문에, 그 '나'를 찾아 한평생을 보내고도 답을 못 찾은 채 떠나는 선객禪客이 얼마나 많은가? 결국, '나'라는 것은 본래부터 그 자체로서 존재하는 고유한 실체가 없는 것이라는 것을 확인할 수 있을 뿐이다.

우리가 '나'라고 부르는 이 사람은 위에서 본 바와 같이 '공'空에서 와서 얼마 동안 삶을 유지하다가 '공'으로 되돌아가는 것뿐이며, '나'라는 본래부터 존재하는 실체는 없는 것이니, 그러한 '나'라는 실체가 잡힐 까닭이 없다. '나'라는 것의 무실체성無實體性의 문제이다. 그러나 이는 일상생활에서 우리가 이 사람을 '나'라고 부르는 것, 곧 현실적인 생활에 있어서 '나'라는 것 자체를 부인하는 것은 아니다. 미국 컬럼비아 대학의 물리학 교수며 초끈이론(超끈理論: superstring theory)의 창시자인 브라이언 그린(Brian Green) 교수는 "'나'란 이 '나'를 구성하고 있는 미립자(微粒子: particles)의 집합물이고, '나'는 내 미립자의 배열을 의미하는 이상의 아무것도 아니다."[23]라고 천명하여, 한편으로는 우리가 '나'라고 하는 통속적인 '나'는 인정하되, 그것은 '나'라 불리는 사람의 육신을 구성하고 있는 미립자의 집합체에 불과한 것이라는 것을 밝힘으로써, 위에서 살펴본 '공'空의 상태에서의 '나'를 설명한 것에 불과하고, 그것은 붓다께서 말씀하신 대로 모든 '것'은 결국 '무아無我: selflessness'임을 뜻하는 것에 불과하다.

한편, 현실적인 사회에서는 여러 사람이 모여 어울려 살면서 서로 의사소통을 해야 하기 때문에, 일인칭 단수를 '나'라 하고, 대화의 상대방인 이인칭 단수를 '너'

---

23) Green, Until the End of Time: Mind, Matter, and Our Search for Meaning in an Evolving Universe, 2020, p. 156.

라고 부르는 것일 뿐이다. 그러므로 이 사람을 '나'라고 부르는 것은 오직 '나'에 한정되고, 다른 모든 사람은 '너' 아니면 '그'라고 부르는 것이며, '나'라는 것은 반드시 특정한 사람과만 관계되는 것도 아니다. 그래서 데이비드 흄(David Hume)은 "그가 생각하는 자신의 정체성(enduring self)은 인칭대명사 '나'에 의해서 만들어진 그림자이자, 지어진 이야기이다."라고 생각하였다.[24] 그런데도 사람들은 한사코 그 '나'에 집착하고 매달려 마음을 졸이니 알 수 없는 일이다. 짐 홀트(Jim Holt)는 그의 저서에서 "영속적이며 물질적인 그리고 같은 나는 허구에 불과하다. 붓다가 말한 것처럼 자아自我는 '그저 요소들이 모인 것에 붙여진 일반적인 이름에 불과'한 것이다."[25] 라고 분명히 밝힌 것을 알 필요가 있다.

---

24) Holt/우진화 역, 세상은 왜 존재하는가?Why Does the World Exist?, 2013, 468쪽.
25) Holt/우진화 역, 상게서, 473쪽.

'나'에 집착하는 것은 나이가 들어 늙어감에 따라 더욱 심해져서 노광老狂에 빠지는 예조차 있다고 하니, 경계할 일이 아닐 수 없다. 나이가 들수록 아집我執을 내려놓고 '나'라는 것에 매이지 말며, 너그러워질 필요가 있음은 다시 말할 나위조차 없는 일이다. 그런데도, 현실은 그 반대인 경우가 많음을 유의할 필요가 있다. 오죽하면 '노인의 고집은 개도 안 물어간다.'라는 속담까지 생겼겠는가? 나이가 들수록 아집, 곧 '나'에 대한 집념이 강해짐으로써, '나'의 의견에 반하는 것과는 좀처럼 타협하지 않고, '나'에게 조금이라도 불리하거나 차별적인 것으로 생각되는 것은 모두 배척하려 하는 경향이 강해지는 것을 부인할 수 없다. 그러나 앞에서 간단히 본 바와 같이 '나'라는 것이 따로 있는 실체가 아닌 이상, 그에 매일 것이 못 됨은 물론, 나이가 들수록 오히려 편협함을 떠나 아량을 보이고, 이해와 포용으로 너그러운 마음을 기를 필요가 있음은 다시 말할 나위조차 없는 일이다. 그것이 '공'을 참으로 이해한

삶이요, 스스로 공덕功德을 가꾸는 충실한 삶의 모습이
라고 할 수 있다.

인간은 진화동물의 일종이지만, 특히 언어나 '나'에 대한
강한 집착을 하는 등 강력한 인지능력(認知能力: cognitive
ability)을 갖는 동물이다.[26] 그러나 그처럼 강하게 집
착하는 '나'라는 것이 무엇인지를 물으면 선뜻 대답을
찾지 못하는 것이 또한 사람이다. 결국, '나'라는 것은
그 자체가 하나의 실체가 아니라 일상생활상 통용되는
관념적인 것이라고 하는 것이 옳을 것이다. 그러니, 그
러한 '나'에 집착할 만한 까닭이 없다.

---

26) Koch, Christof, The Feeling of Life Itself, 2019, p. 169.

II. '공'과 생사

  사람이 이 세상에 태어났다가 삶을 마치고 세상에서 사라지는 것을 생사生死라 하고, 인간의 일대사一大事에 속한다고 한다. 그러나 사람이 태어나고 죽는 것은 당사자의 의지와는 전혀 관계가 없어, 태어나고 싶어 태어나는 것이 아니고, 죽고자 하여 죽는 것도 아닐 뿐만 아니라, 태어나거나 죽음에 관하여 제대로 아는 사람도 찾아보기 힘든 것이 사실이다. 앞에서 우리는 '공'에서 왔다가 '공'으로 돌아감을 보았지만, 그것은 과연 무슨 뜻인지를 살펴볼 필요가 있다.

  '공'을 가장 명쾌하게 밝혀놓은 경전으로 꼽히는 반야심경般若心經은 '공'한 모습은 "생기지 않고 없어지지도 않는다[不生不滅]"라고 분명히 밝혔고, 2세기경 인도의 용수보살(龍樹菩薩: Nagarjuna)은 그의 중론(中論: Madhyamaka

-Sustra)의 관인연품觀因緣品 팔불八不의 첫머리에서 "생겨나는 것도 아니고[不生], 없어지는 것도 아니며[不滅]"라고 하여, 반야심경에서와 같은 뜻을 폈다. 사람들은 무엇인가가 생겼다고 하면 좋아하고, 반대로 없어졌다고 하면 슬퍼하는 것이 보통이다. 본체와 현상과의 관계를 제대로 알지 못하고, 겉으로 보이는 생멸에 일희일비一喜一悲를 거듭하고 있다. 물리학에서는 우주에 가득한 에너지(energy)에는 여러 가지가 있지만, 우주에 있는 에너지의 총량은 언제나 같다고 하면서, 이와 같은 에너지 보존의 법칙은 에너지는 새로 생겨나거나 사라지지 않는다는 것으로 이 불변성不變性을 설명한다. 이러한 과학적인 이해처럼, 인연의 화합에 의하여 이루어진 모든 '것'은 "생기는 것도 아니고 없어지는 것도 아니다." 그러나 겉모습에 매여 있는 사람들의 눈에는 사람은 생겨나서 삶을 유지하다가 늙으면 죽어 없어지는 것으로 보는 것이 보통이다. 이는 본질은 놓아둔 채 겉에 드러난 현상만을 감각적으로 느끼는 데에서

오는 일종의 착시현상錯視現象이라고 할 수 있다.

반야심경에 의하면 모든 존재는 '공'한 것이고, 그 '공'한 모습은 생겨나는 것이 아니고 없어지는 것도 아니라고 하니, 무슨 뜻인지 챙겨보지 않을 수 없다. 우선, '생겨났다'는 것은 아무것도 없는 데에서 무엇인가가 존재하게 되었다는 뜻이다. 곧, 무(無: nothingness)의 상태에서 유有의 상태가 되었다는 뜻이다. 과연 그것이 가능한 일인가? 사실은 어머니를 통해서 세상에 태어나기 전에 그 사람은 이미 어머니 배 속에 있었다. 어머니 배 속에 있던 태아가 밖으로 나왔을 뿐이다. 만일, 이미 있던 것이 장소만 바꾼 것이라면 그것은 생겨난 것이 아니다. 그렇다면, 사람은 수태로써 생기는 것인가? 엄격히 말하면 그것도 아니다. 수태 이전에는 이미 어머니와 아버지에게 반반씩 존재했다고 할 수 있고, 그것은 조상에게로 거슬러 올라간다. 생명공학(biotech)의 발달로 유전자의 구체적인 배열까지가 밝혀진 오늘날에는 DNA 하나로 몇 대가 벌어진 조상과 후손의 혈연관계까지 알 수 있게 되었지만, 이는 사람을 비롯한 생물은 무無에서 유有로 새로이 생겨나는 것이 아니라는 것을 극명하게 보여주는 예라고 할 수 있다.

이러한 현상은 '생겨남'에만 한정된 일이 아니고, '사라짐'의 경우도 마찬가지 일이다. 이 세상에 완전히 없어지는 것은 하나도 없다. '사라진다'는 것은 무엇인가의 존재가 무無의 상태가 되는 것을 뜻한다. 앞에서 본 바와 같이, 생겨남이 없으니 사라질 것이 없음은 오히려 당연한 일이다. 여름 하늘에 가득하던 구름이 눈 깜짝할 사이에 사라졌다. 그것은 없어진 것인가? 아니다. 하늘에 떠 있던 구름이 물방울이 되어 비라는 이름으로 땅에 내린 것뿐이다. 결국, 모습을 바꾼 것뿐이다. 질량불변의 법칙을 발견한 프랑스의 과학자 라부아제이(Antoine Laurent Lavoisier)는 말하기를 "아무것도 새로 만들어지는 것은 없고, 아무것도 아주 없앨 수도 없다."

고 단언하였다. 문자 그대로 불생불멸이다. 현대의 발달된 과학의 힘으로도 우리가 볼 수 있는 물질은 고사하고 전자(電子: electron)와 같은 극미립 조차도 무無의 상태로 만들 수 없고, 오직 그 모습을 바꿀 수 있을 뿐이다. 사람이 죽는다는 것도 마찬가지 일이다. 인연이 다하여 나간 숨이 돌아오지 않음으로써 태어나기 이전 본래의 인자因子로 되돌아가는 것뿐이다. 그래서 '죽었다'는 것을 흔히 '돌아갔다'고 말하는 것이다. 결국, 우리가 퍽 심각하게 생각하는 사람의 생사生死라는 것도 인연이 닿아 여러 인자가 모여 만들어져 삶을 유지하다가, 시간이 흘러 늙음으로써 무너져 본래의 상태로 되돌아가는 현상에 불과한 것임을 알 수 있다. 그러니, '태어났다'고 특히 기뻐할 일이 아니고, '죽는다'고 각별히 슬퍼할 일도 아니다.

제4장

노인의 사회적 위치 변화

늙음이란 얕은 곳으로 물러서지 않고 삶에 깊이 뛰어들 때를 가리키는 것으로, 잃을 것이 하나도 없다는 뜻의 다른 말이다.

파커 팔머Parker Palmer

사회적 구조의 변화에 따라 가장 민감하게 영향을 받는 세대는 노인이라고 할 수 있다. 노인층은 일반적으로 비생산적일 뿐 아니라, 적극적인 사회참여를 꺼리는 경향이 강하기 때문이다. 더욱이, 성장 과정에서 유교적인 영향을 많이 받은 세대에 속하는 사람 가운데에는 아직도 나이 들어 늙으면 밖의 일에 참견하지 않고 뒷방으로 물러나 앉아 여생을 보내는 것을 미덕美德으로 여기는 예가 적지 않다. 그러므로 여기에서 시대의 변화가 노인의 사회적 위치에 미친 영향에 관하여 간단히 살펴보고자 한다.

I. 농본사회農本社會에서의 노인

농사가 경제의 주축을 이루는 사회를 가리켜 농본사회라고 부른다. 농업이나 수산업에서 보는 바와 같이 가

공가공加工을 거치지 않고 그 생산물이 직접 수요와 연결되는 경우를 제1차산업이라 부르고, 그러한 산업이 주류를 이루는 사회를 가리켜 제1차산업사회라고도 한다. 농본사회에 해당하는 제1차산업사회에서의 산업활동은 주로 사람의 힘에 의존하는 것이었기 때문에 사람의 수는 곧 그 집안의 생산력生産力을 뜻하는 것이었고, 따라서 대가족제가 시행되었음은 매우 자연스러운 일이었다고 할 수 있다. 조선 오백 년을 통한 정치의 기본 방향이 된 숭유정책崇儒政策의 영향으로 유교의 기본 덕목인 삼강오륜三綱五倫27)이 철저히 생활화됨으로써 가부장제家父長制는 우리 사회에 확고하게 정착되었다. 그뿐만 아니라, 대가족제가 원만하게 유지되기 위해서 가족 사이의 엄격한 위계질서가 요구된다는 것도 또한 당연한 일이기 때문에, 삼강오륜, 특히 오륜은 어차피

---

27) 삼강오륜三綱五倫이란 삼강, 곧 군위신강君爲臣綱, 부위자강父爲子綱과 부위부강夫爲婦綱의 세 가지와 오륜, 곧 군신유의君臣有義, 부자유친父子有親, 부부유별夫婦有別, 장유유서長幼有序 및 붕우유신朋友有信의 다섯 가지를 합친 행위규범이다.

자연스럽게 받아들여질 상태였다고 할 수 있다.

1950년대 말까지만 해도 농본사회를 벗어나지 못하고 있던 우리나라는 앞에서 본 바와 같이 조선조朝鮮朝의 숭유정책崇儒政策의 영향으로 인한 철저한 연장자우위年長者優位의 관념이 지배하는 장유유서長幼有序와 남존여비男尊女卑를 바탕으로 하는 가부장제家父長制가 시행되었음은 잘 아는 사실이다. 가부장제를 전제로 한 대가족제도 아래에서는 노인은 존경의 대상이었을 뿐 아니라, 1950년대 말의 우리나라 평균수명은 52.4세에 불과하였기 때문에, 시골 마을에서 환갑을 넘긴 노인을 찾아보기란 쉬운 일이 아니었다. 필자가 초등학교 졸업반이던 1946년 초에 선조고先祖考의 환갑연還甲宴이 있었는데, 이웃 마을에서 찾아온 많은 하객조차 한결같이 장수長壽를 칭송하고, 선조고께서 고을 향교鄕校의 전교典敎로 계셨기 때문에 향교에서 오신 연로年老하신 분들도 모두 장수하심을 축하하는 것을 보고 환갑까지 산

다는 것이 퍽 어려운 일로 알았던 기억이 아직도 생생
하다.

농본사회 당시인 1950대 말까지는 노인다운 노인의 수
가 매우 적었을 뿐만 아니라, 가부장제를 바탕으로 하
는 대가족제도와 맞물려 노인은 존경의 대상이었음은
물론, 노인은 생활에 대한 불안이나 무료함으로 인한
우울증 같은 것은 느낄 겨를조차 없었다고 할 수 있
다. 그러니, 당시 노인의 사회적 위치는 퍽 안정되고
존대尊待의 대상이었다고 보는 것이 옳을 것이다. 거기
에다, 1950년대 말 우리나라 평균수명은 52.4세에 불
과하였음에 비추어, 당시 노인으로 여겨졌던 분들로서
는 장수에 대한 욕구가 대단히 컸을 것은 쉽사리 짐작
할 수 있는 일이고, 그렇기 때문에 환갑까지 산다는
것은 선망의 대상이 되었다. 당시만 해도 환갑연은 그
규모나 내용 면에서 대단히 호사스러운 수준의 것이었
음은 물론, 경제적으로 어려운 가정에서는 빚을 내거나

가축을 팔아서까지 환갑연의 비용에 충당할 정도였으
니 짐작하고도 남음이 있는 일이다.

II. 공업화시대工業化時代의 노인

공업화시대란 제2차 산업사회를 가리키는 것으로서, 원자재原資材를 정제精製하고 가공加工하는 제조업이라거나 건설업 등이 주축을 이루는 사회를 뜻한다. 제조업이나 건설업 등 2차 산업은 각기의 규모에 따라 차이는 있지만, 많은 젊고 배운 인력이 필요하다. 우리나라의 경우 1965년경부터 공업화가 시작된 것으로 볼 수있는데, 공업화의 촉진에 따라 공장이나 건설 현장에서 필요로 하는 인력은 농촌에 의존하지 않을 수 없었음은 당연한 일이었다. 더욱이, 도시나 도시 가까이에 있는 공장 또는 건설현장에서 일을 하는 것은 물론, 교육을 받을 기회가 많아지고, 경제적인 수입도 상대적으로 높은 수준의 것이어서, 농촌을 떠나 공장의 일자리를 구하는 청년층은 마치 미국 서부 개척기의 황금 산지에의 쇄도, 곧 골드러쉬(gold-rush)를 연상하게 하는 것이었다고 할 만한 것이었다.

우리나라에서 공업화의 촉진은 청년층의 이농離農을 불가피하게 만들었고, 그것은 자연히 대가족제의 붕괴와 핵가족제로의 이행移行을 가속하지 않을 수 없게 되었다. 결국, 국가에서는 민법과 호적법을 개정하여 법정분가제도法定分家制度를 채용함으로써 호주의 직계비속直系卑屬인 차남 이하의 남자가 결혼하면 당연히 분가하는 것으로 하여, 전통적인 대가족제도를 바꿔 부부를 중심으로 하는 이른바, 핵가족제도를 법적으로 확립하기에 이르렀다. 핵가족제도의 확립과 도시화(都市化: urbanization)의 촉진으로 농촌인구는 급감하였을 뿐만 아니라, 농촌에는 노인만 남고 청장년을 찾아보기 어렵게 되었으며, 도시에서도 핵가족제의 여파로 자식들은 결혼만 하면 부모와는 별거하는 것이 일반화된 것이다.

공업화와 도시화의 촉진으로 빚어진 핵가족제도는 종

전의 대가족제와 가부장제도 아래에서 누렸던 노인의 안정된 생활과 권위를 앗아가 버린 셈이다. 농촌에 남겨진 노부모는 1년에 한두 차례 찾아오는 전통 명절에나 자녀들이 찾아뵙는 의례적儀禮的인 존재가 되고, 도시지역에서 생활을 계속하고 있는 노부모의 경우도 매일의 생활에 쫓길 뿐 아니라 그들의 자녀를 양육하느라 틈을 내기조차 어려운 상황에 있는 자식들을 만나볼 기회가 많지 않은 것이 부인할 수 없는 처지가 되었다. 이처럼 공업화와 함께 노인의 사회적인 입지는 종전에 미처 경험하지 못한 상태로 떨어졌다고 할 수 있다. 농촌에 남겨진 노인들은 가뜩이나 노쇠하여 기력氣力이 떨어진 몸으로 논밭을 일구고 작물을 가꿔야 하는 한편, 일이 없이 한가한 때에 자주 엄습해 오는 고독과 죽음에 대한 불안 등을 겪는 것이 일상사가 되었다고 하여도 과언이 아니다. 몇 년 전에 성묘를 위하여 고향에 갔을 때의 일이다. 고향의 동네 어귀에 이르렀을 때 90대 정도이신 집안 어른을 만나게 되었다.

차에서 내려 인사를 올리면서 어디 가시느냐고 물었더니, 고추를 들이려고 밭에 간다고 하면서, "이제 이 동네에서 자네가 제일 연장자年長者네."라고 하는 말을 듣고 놀라지 않을 수 없었다. 왜냐하면, 젊은이가 없어 상노인이 밭일을 하지 않을 수 없는 상태가 되었다는 것과 필자가 벌써 동네에서 가장 연장자일 정도로 시골에는 장수자의 수가 비교적 적다는 사실을 알면서다.

III. 정보화시대情報化時代의 노인

정보화시대란 정보가 유력한 자원이 되고 정보의 처리와 가공에 의한 가치의 생산을 중심으로 사회와 경제가 발전해 가는 시대를 가리켜 정보화시대 또는 정보기술(情報技術: information technology)시대라고 부르는데, 이는 제3차 산업사회를 일컫는 말이기도 하다. 제3차 산업사회는 상업, 통신, 금융업과 서비스업 등과 같이 생산과 직결되지 않는 산업이 주축을 이루는 사회를 뜻하는 것이기 때문이다. 정보화시대에의 진입은 공업화의 촉진으로 갖가지 어려움에 노출된 노인에게 새로운 시련을 안겨주는 계기가 되었다. 정보화시대에의 진입은 디지털 방식(digital 方式)의 상용화와 함께 이루어졌기 때문이다. 디지털 방식의 상용화를 수반한 정보화시대의 개막은 생활의 모든 영역에 있어 아날로그 방식(analogue 方式)에 길든 노인들을 눈뜬장님으로 만들었다고 해도 과언이 아니다.

간단히 설명하면, 아날로그 방식이란 물질이나 시스템 등의 상태를 연속적으로 변하는 물리량物理量으로 나타내는 방식, 곧 우리가 느끼는 현상을 그대로 반영하는 방식인 데 대하여, 디지털방식이란 물질이나 시스템 등의 상태를 이산적離散的인 숫자의 신호로 표현하는 방식을 말한다. 그러니, 오늘날 불가피한 생활 도구가 된 컴퓨터와는 거리가 멀어 '컴맹' 소리를 듣는 적지 않은 노인들이 새로이 등장한 디지털 기기의 사용에 익숙하지 않아 생활상 여간 불편하지 않다는 소리를 듣는 경우가 많다. 우선, 옛날 같으면 열쇠 하나면 간편하게 자기 집 출입을 하였던 것이, 이제는 대부분의 아파트 현관문의 도어록(door-rock)이 디지털화함으로써 여러 단위의 암호 숫자를 외워야 하는 불편은 물론, 대부분의 가전 도구가 디지털화되고, 인터넷 검색과 스마트폰의 사용이 거의 상시화常時化 됨으로써 노인들은 새로운 불편에 노출되게 된 셈이다.

문제는 디지털 문화의 발달 자체에 있는 것이 아니라, 노인을 배려하지 않은 디지털 문화의 제도화에 있다. 주민등록증 등 신분증을 스마트폰에 담아 사용하는 모바일 신분증 제도를 도입한다는 것이나, 인구 구성비가 높은 노인들이 과연 어느 정도까지 그 변화에 적응할 수 있을지 의문이다. 코비드-19로 인한 사회적 거리두기의 일환으로 음식점이나 카페 등의 출입에 성명 등을 기재하는 대신에 QR코드를 요구하는 곳이 많으나, 고령자 중에는 'QR코드'라는 말 자체에 익숙하지 않은 분들이 많아 친구들과 식당이나 카페에 가기도 어려워졌다고 불만을 토로하는 예가 많다. 하기야, 과학기술정보통신부가 지난 3월에 발표한 2019년 디지털 정보 격차 실태조사 결과에 의하면 고령층은 일반 국민에 비하여 무려 64.3%라는 큰 정보격차를 보임으로써 저소득층이나 장애인 등 취약계층 가운데 최하위에

위치함을 알 수 있다. 한편, 중국에서는 현금 대신 모바일결제 시행으로 노인들이 택시를 타거나 슈퍼마켓 같은 곳에서 상품을 사는 데에도 어려움을 겪게 되어 불편이 적지 않다고 한다. 기술혁신과 제도개혁의 속도가 가속화되면서, 노인이 그에 잘 적응하지 못함으로 인한 소외감이 커지는 것은 바로 이 시대가 한 세대인 노인에 대한 배려가 부족하다고 아니할 수 없다. 노인은 현재의 노인에 국한된 것이 아니고, 머지않은 장래에 현재의 젊은이가 바로 그 자리를 이어받는 노인이 되는 것이다. 그러므로 정책입안자나 기업경영자는 과학기술의 발달과 그에 힘입은 산업의 발전은 불가피한 일이라 하더라도, 종전의 방식에 길든 노인을 배려하는 노력에 소홀함이 없어야 할 것이다. 그러한 의미에서라도 미래의 산업은 디지로그(Digilog)[28] 곧, 디지털과 아날로그를 절충한 방향을 지향할 필요가 있으며, 정부로

---

28) 디지로그digilog란 필자가 편의상 지은 이름으로, 디지털digital과 아날로그analog를 합성한 것이다.

서도 정보격차의 해소를 위한 시책을 제도화할 필요가
있다고 하겠다.

Ⅳ. 노인이 보는 문제와 그 실상實相

인생의 황혼기黃昏期에 접어든 처지의 노인이 스스로 느끼는 당면한 문제는 여러 측면이 있겠으나, 이를 건강상 문제, 경제적 문제 및 사회적 문제의 관점으로 나누어 살펴볼 수 있다.

1. 건강상 문제

노인의 건강상 문제에는 신체적인 것과 정신적인 것이 있으니, 먼저 신체적인 문제를 간단히 살펴보고자 한다.

• **신체적 문제:** 노화과정老化過程의 시작은 각 개인 및 신체 기관의 상태에 따라 차이가 있는 것이지만, 일반적으로 볼 때 의학적으로는 약 30세 경부터 서서

히 노화가 시작된다고 한다. 그러나 노화가 시작된다고 해서 바로 노인이 되는 것이 아님은 물론이다. 나이 들어 노령老齡이 되어서야 노인으로 보는 것이고, 노인이 되어 제일 먼저 눈에 띄게 나타나는 것은 쇠약해져서 기력이 없어 보이는 외모와 노화 현상이다.

노인이 되면 세포의 복원능력과 각종 기관의 기능이 크게 퇴화하고 질병에 대한 면역력(免疫力: immuno-competence)이 현저하게 감퇴하기 때문에, 자연히 각종 질병에 노출되고 기력이 저하하는 것이 일반적인 현상이다. 그렇기 때문에, 노인은 병을 끼고 사는 것이 보통이며, 근력의 저하로 말미암아 일상적인 움직임에도 불편을 겪지 않을 수 없다. 그렇다 보니, 적지 않은 노인들이 병에 시달리는 나날을 보내지 않을 수 없어 괴로움 속의 노년을 보내게 된다. 물론, 근년에 들어 대부분의 노인질환에 대한 건강보험의 혜택이 주어짐으로써 노인들의 병원 이용이 쉽게 된 것은 사실이다. 그러나 병원의 진료 분야가 지나치게 세분된 반면에,

종합적 성격이 강한 노인의 질병을 전문적으로 다루는 분야가 아직도 제도적으로 마련되지 않은 우리나라의 경우에는 병원을 찾는 노인들의 불편이 이루 헤아릴 수 없을 정도임을 불평하는 소리가 적지 않음을 부인할 수 없다.

우리나라 노인의 주관적 건강 상태는 2017년 기준으로 18.5%에 불과하여 OECD 회원국 가운데 30위를 차지하는 매우 낮은 상태를 보인다. 물론, 여기에서 말하는 주관적 건강 상태란 자신의 전반적인 건강 상태를 좋은 것으로 보는 비율을 가리키는 것이기 때문에, 객관적 건강상태와 일치하지 않음은 물론이다. 그렇다고 해도, 우리나라 노인의 주관적 건강 상태는 자신의 건강 상태를 좋은 것으로 생각하는 노인의 비율이 70%를 넘는 뉴질랜드, 캐나다, 미국과 호주 등에 비하여 현저히 낮은 것이 사실이다. 사람, 특히 노인은 그의 건강에 대하여 어느 정도 자신을 가져야 하며, 사소한 병에도 심각하게 반응하거나 지나치게 걱정하는 것은 오히려 해로울 뿐이다.

• **정신적 문제:** 노인의 건강 문제로 신체적 문제 못지않게 부각되는 것은 정신적인 문제이다. 정신신경 분야는 의학의 다른 분야에 비하여 아직 가야 할 길이 먼 것으로 알려져 있지만, 특히 정신적인 문제가 많이 노출되어 있는 것이 노인인 것도 사실이다. 핵가족화로 인하여 단출하게 된 집에 찾아오는 사람도 별로 없는 상태에서 외로운 나날을 지내야 하는 노인이 느끼는 소외감은 물론, 다가올 죽음에 대한 불안과 경제 사회적 문제에 대한 노이로제(Neurose) 등은 노인을 정신적으로 괴롭히고 심하면 정신질환으로 발전하는 원인으로 작용하게 된다. 곧 노인의 대표적인 정신질환으로 꼽히는 건망증이나 우울증 및 치매는 불안함과 외로움 및 상실감 같은 사회적, 경제적 스트레스가 쌓인 정신상태에서 오는 예가 많다는 것은 널리 알려진 바와 같

다. 노인이면 누구나 두려워하는 치매의 2017년 이환율罹患率 통계를 보면 다음과 같다:

65세–69세	7%	80세–84세	26%
70세–74세	6%	85세 이상	38%
75세–79세	21%		

위의 통계를 통하여 75세 이후에 치매 이환율이 급격히 높아짐을 알 수 있다. 또한, 2010년 이후 노인의 치매 이환율을 연도별로 보면

2010년	8.24%	2015년	9.79%
2012년	9.18%	2020년추산	10.39%

임을 알 수 있어, 노인의 치매 이환율이 매년 상승하였음을 나타낸다. 결국, 노인들은 나이가 더 들어감에 따라 정신적인 스트레스로 인한 괴로움이 많다는 것을

알 수 있다.

2. 경제적 문제

일부 예외를 제외하고 적지 않은 노인이 당면한 문제
는 경제적인 문제인 것 같다. 경제적인 어려움은 일정
한 수입이 없는 노인에게는 생활에 대한 불안으로 작
용하고, 안정되지 않은 생활은 매일 매일의 삶이 고난
의 길로 여겨질 것이다. 우리 속담에 "금강산도 식후경
이다."라는 말도 있지만, 아무리 좋은 것이라 해도 주
린 배를 안고는 강 건너의 버들가지에 지나지 않을 것
이다. 더욱이, 핵가족화한 오늘날에는 노인이 있는 대
부분의 세대가 노부부만의 가정이거나, 노인 혼자서 생
활하는 호젓한 세대가 많고, 그러한 경우일수록 경제적
인 문제에 대한 불안이나 일상의 생활에 대한 초조함
이 가중될 것은 짐작하고도 남음이 있다.

참고로 우리나라 노인들의 소득 빈곤율을 보면 OECD 회원국 가운데 가장 높은 것을 알 수 있다. 물론, 우리나라 노인의 자산구성은 많은 경우에 주택을 비롯한 부동산을 중심으로 이루어져 있는 까닭에 다른 나라의 경우와 단순비교는 어렵다고 하겠으나, 그 점을 고려한다고 해도 우리나라 노인의 소득 빈곤율은 매우 높은 것이 사실이다. 곧, OECD의 통계에 의하면 한국 노인의 소득 빈곤율은 2016년을 기준으로 43.8%에 이름으로써, OECD 회원국 가운데 가장 높을 뿐 아니라, 2위인 에스토니아나 3위인 라트비아에 비하더라도 약 10%의 격차가 있음을 알 수 있다.

3. 사회적 문제

사람을 사회적인 동물이라고 하지만, 사람은 하는 일이 있을 때 보람을 느낀다고 한다. 특별히 하는 일이 없이 의식주가 해결되는 것만으로는 삶을 즐길 수 없음은 물론, 무료함과 권태로움을 벗어날 수 없고, 그것이 쌓이면 도리어 우울증으로 이어질 위험이 적지 않다.

우리나라의 경우만 해도 미처 노인의 반열에 들기도 전에 정년이라는 이름으로 직장을 뒤로함으로써 사회에서 소외된 불안감에 사로잡힐 겨를도 없이 노인이 되는 수가 많다. 일의 성질이나 직장에서의 지위와 관계없이 하던 일자리에서 물러나 특별히 하는 일 없는 나날을 보낸다는 것이 얼마나 불안하고 권태로운지는 당해보지 않은 사람으로서는 이해하기 어렵다고 한다. 그렇기 때문에, 노인 가운데에는 경제적 어려움을 해결하기 위한 방편보다도, 권태로움을 달래기 위해서라도 자기가 쌓은 지식이나 경험을 사회에 되돌리는 일을 하려고 하여도 그것조차 뜻대로 되지 않는 것이 현실이라고 하니, 그러한 분들의 심정을 짐작할 수 있을 것 같다.

4. 노인이 보는 문제의 실상

노인이 당면한 문제로 여기는 것들이 실상이건 아니건 할 것 없이 노년은 다시 오지 않는 귀중한 시간이다. 다시 오지 않는 것이라면 후회한들 아무런 의미도 없는 에너지의 소비에 지나지 않는다. 과연 그렇다면 스스로 당면한 문제라는 딱지를 붙여놓고 볼 일이 아니라, 한 발짝 더 객관적인 입장에 서서 몇 번이고 되짚어 볼 필요가 있을 것이다. 사실, 노인들이 가장 흔하게 느끼는 외로움이나 불안 또는 소외감 같은 것은 그러한 실상이 따로 있는 것이 아니라, 자기의 마음이 만들어낸 것에 불과하고, 마음먹기에 따라 얼마든지 달라질 수 있는 상태임이 틀림없다. 빛이 비치면 그림자가 춤을 춘다고 하지 않는가? "모든 것은 마음이 만든다.一切唯心造"라는 말의 참뜻을 되새길 필요가 있다. 과거는 이미 지나가 다시는 오지 않고, 미래라는 이름의 순간은 아직 오지 않아 알 수 없으며, 오직 현재, 이 순간이 있어 그런대로 가장 좋은 시간임을 알아야 한다. 그렇기 때문에, 선문禪門에서는 바로 이 '순간'을 놓치지 말고 최선을 다하도록 강조하는 것이다.

필자가 어렸을 때만 해도 길이라면 우마차牛馬車가 다닐 수 있는 정도의 것이 고작이었고, 몇 가닥 안 되는 이른바, 신작로라는 것은 2차선 정도의 넓이로 새로 만든 자동차 길로, 매년 봄이면 자갈로 흙길 위를 덧씌운 정도의 것이었다. 그러니, 자갈밭 길을 가자면 자갈에 미끄러지거나 발끝을 치는 경우가 많음은 물론, 자동차라도 지나가면 일어난 흙먼지가 앞을 가리는 것이 예사일 수밖에 없었다. 그러나 당시에는 그것을 심각하게 생각하지 않았으니, 지금 와서 돌이켜 보면 오히려 한편의 낭만浪漫으로 느껴진다. 노인의 생활은 나그네가 다시 신작로를 걷는 것과 같은 것이라고 할 수 있다. 자갈밭 길이 다소 불편하다고 해도 훤칠하게 뚫

린 길이 시원하고, 가끔 자갈에 미끄러지고 돌에 발끝을 치이는 경우가 있지만 더 돌아가는 옛길보다 가까워서 좋으며, 가끔 자동차가 흙먼지를 피우면서 지나가지만 잠시만 참으면 먼지는 별 탈 없이 가라앉으니, 크게 마음에 둘 일이 아니다. 그렇게 쉬엄쉬엄 서둘 것 없이 가다 보면 종착점에 이르게 될 것이다.

위에서 노인이 스스로 보는 갖가지 문제들을 요약하여 보았거니와, 이제 통계를 바탕으로 우리나라 노인이 당면한 문제의 실상을 간추려 살펴보고자 한다.

먼저, 노인의 경제문제를 경제활동 참가율과 소득 빈곤율로 나누어서 보고자 한다. 우리나라에서 노인이 경제활동에 참가하는 비율은 OECD 회원국 가운데에서 매우 높은 수준을 나타내고 있는데, 이를 연령별로 본다면 65세-69세의 노인은 2위, 70세-74세의 노인은 1위를 차지하는 높은 비율을 보인다. 이는 근년에 우리

정부에서 시행하고 있는 노인을 위한 하루 3시간, 월간 30시간의 짧은 시간제 임시직 일자리 만들기 시책의 결과라고 할 수 있겠다. 그러나 한국의 노인이 다른 OECD 회원국에 비해서 더 오랜 기간 경제활동에 참여하는 주된 이유 가운데 하나는 노인의 소득 빈곤 때문이라는 것이 노인의 약 73%에 달한다는 것은 유의할 만한 일이다. 다시 말하면, 한국의 전체 노인 가운데 약 43.8%에 달하는 사람이 중위권 소득의 50% 미만의 소득으로 생계를 유지하고 있어, 이를 연령별로 보면 66세-75세 노인의 소득 빈곤율은 35.5%이고, 76세 이상 고령층 노인의 경우는 55.9%에 달한다고 하니, 연령이 높아질수록 더 경제적으로 어려워지고 있음을 보여주는 것이다.

다음으로, 한국 노인의 주관적 건강 상태는 OECD 회원국 가운데 낮은 편인데, 여기에서 주관적 건강 상태란 위에서 본 바와 같이 자신의 전반적인 건강 상태에 대하여 스스로 느끼는 정도를 말한다. 한국 노인 가운데 자기의 주관적 건강 상태에 대하여 긍정적으로 생각하는 사람은 약 18.5%에 불과한 상태인바, 노년에 겪는 갖가지 만성질환과 응답자의 주관적인 답변임을 고려하더라도 한국 노인들의 자기 건강 상태에 대한 자신의 평가는 매우 낮은 편이다. 여기에 뉴질랜드, 캐나다, 미국 및 호주의 경우 노인들이 주관적 건강 상태에 대하여 긍정적으로 생각하는 비율은 70% 이상을 기록하고 있음을 참고할 필요가 있다.

한국 노인의 사회적 고립도는 매우 높은 상태에 있다. 노인의 경우, 급히 많은 돈이 필요할 때 도움을 줄 수 있는 사람이 없는 경우가 약 66.6%이고, 몸이 아플 때 집안일을 의탁할 곳이 없는 경우가 약 25.5%에 달하며, 속을 터놓고 상의할 상대가 없다고 인정하는 경우가 약 27.4%에 달함으로써, 다른 연령층에 비하여 사회적 고립수준이 매우 높은 것이 특징이다. 노인이 당면한 어려움은 위에서 본 바와 같이 부정적인 측면이 많은 실정이다 보니, 이는 높은 자살률로 반영되고 있는 안타까운 실정임을 부인할 수 없다. 이를 2016년의 통계를 기준으로 본다면, 한국 노인의 자살률은 인구 10만 명당:

65세-69세 37.1명   70세-74세 54.9명
75세-79세 72.5명   80세-84세 81.5명
85세 이 상 87.1명

으로 나타남으로써 나이가 더 들수록 자살률이 급속하게 상승함을 알 수 있으며, 이는 OECD 회원국 평균치의 4-7배에 이르는 것임을 알 수 있다. 노인의 자살률이 다른 연령층에 비하여 현저히 높은 이유로는 경제적 어려움이 27.7%, 건강 문제가 27.6%, 부부나 자녀와의 갈등 등이 18.6% 및 외로움이 12.4%의 순으로 나타난 것임은 시사하는 바가 크다.[29] 미국의 저명한

심리학자로 특히 자살에 관한 연구의 권위자로 알려진 에드윈 슈나이드만(Edwin Shneidman)은 "자살은 심리적인 고통에 기인한다."라고 하듯이, 일반적으로 단조로운 삶은 너무 힘들고, 계속하여 괴로운 상태의 삶이 유지될 때면 자살을 떠올리게 되며, 그 고통을 피하려는 충동은 결국 죽고 싶은 생각을 떠올리게 된다는 것이다. 결국, 노인의 외로움에서 오는 우울증과 경제적 빈곤이 자살률을 높인다는 것을 알 수 있다.

그나마, 노인에게 다행스럽게 생각되는 것은 시간의 흐름이다. 흔히 말하기를 "나이가 드는 데 따라 시간이 빨리 간다."라고 하는데, 과학적으로도 틀린 말은 아니다. "시간은 누구에게나 일정한 것 아닌가?"라고 반문하는 사람이 있겠으나, 아인슈타인의 주장처럼 '시간'이라는 것은 따로 존재하는 것이 아니고, 그것은 여러

---

29) 국회입법조사국원시연, 'OECD통계에서 나타난 한국노인의 삶과 시사점', 2019. 12.

현상 사이의 관계를 나타내는 것에 지나지 않아 시공간(時空間: space-time)이 있을 뿐이라는 것이다. 그런데, 사람은 나이가 들어감에 따라 신경세포와 집중력 등 전반적인 인지능력이 떨어지면서 생기는 현상이 바로 나이가 들어감에 따라 시간이 빨리 가는 것으로 느껴진다는 것이다. 그래서 할아버지와 손자의 시간은 다르게 간다는 말이 나오게 된다. 미국 듀크대학(Duke U)의 베얀(Adrian Bejan) 교수는 객관적으로 측정하는 물리적 시계시간(時計時間: Clock time)과 마음으로 느끼는 마음시간(mind time)이 같지 않음을 전제로, 19세부터 24세까지의 25명과 60세부터 80세까지의 15명의 2개 집단을 대상으로 3분을 단위로 하는 블라인드-테스트(blind-test)를 한 결과, 19세에서 24세까지의 집단은 3분 3초를 가리킨 데 대하여, 60세에서 80세까지의 집단은 3분 40초를 가리키는 격차를 나타냈다고 한다. 그러니, 항간에서 이르기를 시간은 50대에는 시속時速 50km로, 60대에는 60km로, 70대에는 70km의 속도로 달린다는 말이 꽤 설득력 있는 비유라고 할 수 있다. 나이가 들수록 시간이 더디게 가는 것에 비하여 얼마나 다행스러운 일인지! 자연의 섭리를 경이롭게 생각할 뿐이다. 사실, 오래 사는 것이 반드시 좋은 삶을 의미하는 것은 아니며, 잘 늙는 비결이 따로 있는 것도 아니다.

제5장

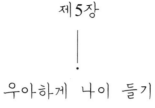

우아하게 나이 들기

젊고 아름다운 사람은 자연의 우연한 산물이
지만, 늙고 아름다운 사람은 하나의 예술작
품이다.

엘리나 루즈벨트Eleanor Roosevelt

괴로움이나 좌절 없이 찾아오는 기쁨은 하나도 없다. 이것은 이 우주가 생겨나는 과정이고 자연의 진리이다. 파티크 와드와(Pathik Wadhwa)가 천명한 바와 같이 강박관념과 실망 없이 큰 성과와 기쁨을 기대하는 것은 허상을 좇는 꿈과 같은 것이고, 근본적으로 우리가 이 세상에 오지도 못했으리라는 것이다. 사실, 이 세상에 사람으로 태어났다는 것 자체가 아무나 기대할 수 없는 큰 공덕의 산물이요, 전생에 쌓은 선업의 과보라고 할 수 있는 일임을 스스로 깨달아야 한다.

여기에서 말하는 '우아하게'의 사전적인 의미는 '고상하고 기품 있으며 아름다운' 또는 '점잖고 아담한' 것을 나타내는 뜻으로 설명되고 있으며, 영어로도 grace나 elegance라고 하여 거의 같은 뜻으로 쓰인다. 저자가 특히 '우아하게'라는 형용사를 택한 것은 위에서 본 바와 같은 일반적인 의미보다는 오히려 "흐트러짐이 없이 잘 늙는 노인다운 품격의 사람"을 나타내려 한 것임을 밝혀 둔다. 노인도 다른 연령대의 사람과 마찬가지로 갖가지 장점과 단점을 지니고 있는 것이어서, 여기에서는 먼저 노인이 일반적으로 지닌 것으로 생각되는 장단점을 살펴봄으로써, 거울에 비친 자화상으로 삼아 보고자 한다. 장점은 더욱 길러내고, 단점은 애써 줄여 나가는 삶이 되어야 한다는 것에 의문이 있을 수 없다. 불교에서 강조하는 사정근(四正勤: Catvari-samyak-prahanani)인 선법善法은 더욱 자라게 하고, 악법惡法은 멀리 여의려고 부지런히 닦아 익히는 네 가지 법의 취지와 같은 말이다. 그러니, 우리는 늙음에 잘 대처하는 대책과 잘 나이 들기 위한 방편을 찾아 익히도록 해야 하겠다.

I. 노인의 장점

1. 지혜로움

노인은 자기 자신의 인정 여부와 관계없이 지혜로운 존재이다. 지혜란 일반적으로 말하는 지식知識, 곧 알음알이가 아닌 슬기로움을 뜻한다. 노인은 살아오는 동안 정규적인 교육이나 비정규적인 학습 등을 통하여 습득한 지식은 물론, 살아오면서 축적된 다양하고 풍부한 경험과 인생이라는 큰 바다를 건너면서 길든 갖가지 방편들이 쌓인 보물창고[寶庫]라고 할 수 있음은 누구나 쉽게 이해할 수 있는 일이다. 노인이 간직한 지식과 경험에 나름대로 삶의 요령(know-how)이 가미되어 단순한 지식과 경험이 지혜로 승화한 것이라고 할 수 있다. 노인이 간직하고 있는 지혜야말로 돈으로 쉽게 살 수 있는 것이 아님은 물론, 사회의 안정과 발전에 있어 소중한 자양분이다. 문제는 노인의 지혜를 어떻게 효과적으로 활용할 것인지에 있다.

광활한 자연 속에서 살아가는 야생동물들의 생태를 보고 있노라면 약육강식이 지배하는 원시적인 환경 속에서 살아남기 위한 그들의 지혜에 저절로 고개가 숙어지는 경우가 적지 않다. 우선, 거대한 몸집을 자랑하는 코끼리는 철저한 초식동물이기 때문에 육식동물과 같은 날카롭고 튼튼한 이빨과 발톱이 없고, 자신을 지킬 무기래야 고작 유연하게 쓸 수 있는 긴 코와 육중한 몸무게를 실은 튼튼한 다리가 전부이다. 코끼리는 집단생활을 하는 동물이며, 무리 가운데 가장 경험이 풍부하고 지혜롭다고 생각되는 나이 든 암 코끼리를 우두머리로 삼는다고 한다. 우두머리 코끼리는 건기가 되어 먹잇감인 풀이나 나뭇잎이 마르고 물이 고갈되면 그의 오랜 경험과 지혜로 수원水源을 찾아 무리를 이끎으로써 무리가 큰 어려움 없이 건기를 넘길 수 있도록 한다. 그렇기 때문에 무리의 코끼리들은 우두머리가 이끄는 대로 순종하는 것이다. 코끼리는 덩치가 워낙 크다 보니 사자나 표범 같은 맹수도 함부로 대들 생각을 하지 못하고, 기껏해야 아직 자라지 않아 잘 도망치지도 못하는 연약한 새끼 코끼리를 먹잇감으로 삼을 수 있을 뿐이다. 만일, 맹수가 나타나 어린 코끼리를 노리는 것을 알아채게 되면 우두머리 코끼리는 바로 어린 코끼리를 가운데 두고 다 자란 코끼리들이 그 주변으로 원을 그리며 둘러서서 울타리를 치면 우두머리 코끼리는 무리에서 튀어 나가 맹수를 멀리 쫓아버리고 유유히 돌아오는 모습은 마치 개선장군을 보는 것과 같은 늠름함이 있다. 얼마나 지혜로운 일인가? 많은 코끼리는 말없이 나이 든 우두머리 코끼리의 지혜로운 행동을 보고 삶의 지혜를 익히게 된다. 그래서 아그로닌(Marc E. Agronin) 박사는 "나이 듦은 공동체와 정신의 통합과 발달을 위하여 불가결한 지혜를 보여준다."30)라고 말한 것이다.

노인의 '지혜로움'에 대한 인정과 존경의 모습은 종교를 통해서도 알 수 있는데, 여기에 몇 가지 예를 요약해 보고자 한다. 먼저, 이맘 칸(Imam Naseeb Khan)은 이슬람(Islam)은 전통적으로 노인과 계시啓示에 대하여 깊은 경의와 존경을 표한다고 하면서, 특히 나이 든 사람은 그 지혜로움에 칭찬과 존경의 대상이 되는 것이라고 강조한다. 연장자에 대한 우대와 지혜로운 이로서의 노인에 대한 존경은 힌두교(Hinduism)도 마찬가지다. 특히 힌두의 고전적 경전으로 들리는 바가바드 기타(Bhagavad-Gita)는 우리가 나이 듦에 따라 얻을 수 있는 지혜들을 기록하고 있음은 매우 인상적이다. 불교의 경우는 노인에 대한 존경과 부조扶助의 필요성에 대한 설명이 더욱더 논리적이다. 불교 저술가인 리치몬드(Louise Richmond)는 "우리는 나이가 들어감에 따라 육체적으로는 쇠퇴하지만, 정신적으로는 그렇지 않다. 우

---

30) Agronin, op cit., p. 31.

리가 흔히 지혜라고 부르는 부분, 예컨대 경험에 따라 문제를 해결하는 능력이나 각종 정보의 통합능력은 오히려 나이에 따라 향상함을 보이고, 그러한 지혜는 자기 자신은 물론 남과 사회를 위해서도 없어서는 안 될 보배이다."라고 강조하였다.[31]

노인은 그의 오랜 삶을 통하여 익힌 지혜를 스스로 소중히 생각하고, 그것을 후진들에게 효과적으로 전수할 수 있도록 노력할 필요가 있다. 물론, 가장 효과적인 방법은 노인들이 그가 지니고 있는 지혜를 활용하고 또 전수할 수 있는 사회적 장치(裝置: mechanism)를 마련함으로써 노인들이 뜻만 있다면 그의 지혜는 물론, 값지게 쌓아 올린 지식과 경험을 사회와 후세에 전수할 수 있게 하는 일이라고 할 수 있다. 노인이 청기와 장수가 되는 것은 자신을 위해서는 물론, 후손이나 사

---

31) 상게서, p. 32.

회를 위해서도 결코 바람직하지 않음을 알 필요가 있다. 우리 정부가 근래에 노인의 일자리 만들기라고 하여 하루 세 시간 정도의 도우미 일자리를 만들어 제공하고 있으나, 그러한 몇 시간의 단순노동은 본인에게는 그나마 없는 것보다 나을지 모르나, 사회적으로나 국가적인 관점에서 보면 오히려 낭비적인 것에 불과한 일로 보인다. 그것보다는 오히려 노인의 전문성과 지혜를 사회에 환원할 수 있는 기회를 마련하는 것이 본인을 위해서나 국가와 사회를 위하여 도움이 될 것으로 보인다.

2. 여유로움

노인은 일반적으로 여유로움이 특징이라고 할 수 있을 정도로 매일 매일의 삶에 쫓기지 않는다. '여유로움'의 사전적 의미를 보면 덤비지 않고 사리를 너그럽게 판

단하는 마음이 있는 것을 가리킨다는 정도이나, 여유롭다는 것은 그 이상의 의미를 지니고 있는 것 같다. 우선, 여유롭다는 것은 시간적으로나 육체적으로는 물론, 마음가짐에 쫓기지 않고 차분함이 있는 것을 뜻한다고 할 수 있다.

오늘날을 흔히 변혁의 시대라고 부른다. 전자기기는 물론, 거의 모든 분야가 종전에는 예를 찾아볼 수 없으리만큼 빠른 속도로 변하고 있다. 경제활동에 있어 세계화가 보편화되고, 다국적기업을 비롯한 기업들의 경쟁이 치열하다 보니, 경쟁에서 이기기 위해서는 한 발이라도 앞서 가야하고, 그러자니 속도가 경제를 이끄는 중요한 요소로 등장하게 된 것이다. 그래서 오늘날을 가리켜 속도의 시대라고 부르게까지 된 것이며, '빨리 빨리'가 우리의 생활을 지배하고 있음을 부인할 수 없게 되었다. 그뿐만 아니라, 경제활동에 있어서의 경쟁의 심화와 자동화 기술 등의 발달은 때도 없이 기업의 구조조정을 필요로 하기 때문에 직장의 안정이란 기대하기 어려운 경우가 오히려 일반화하였다고 할 수 있다. 이러한 상황은 생활의 일선에서 활동하는 청·장년은 물론 중년에 이른 사람들조차 '빨리빨리'와 직장에 대한 불안 등으로 말미암아 여유로움이란 사치스러운 말이 된 것이 사실이다. 오죽하면 "한발 빠르면 혁신이나, 한발 늦으면 모방"이라는 말이 나오겠는가?

그러나 이미 직업전선에서 한 발짝 물러서고 자녀들도 별거하고 있을 노인으로서는 긍정적인 여부와 관계없이 몸과 마음에 어느 정도 여유가 있는 것이 보통이며, 이는 노년에 따른 하나의 보상이라고 해도 무방할 것 같다. 노인은 자기가 누릴 수 있는 여유로움을 가능한 한 선용善用함으로써 노후를 의미 있게 할 필요가 있다. 여유 있는 몸을 가능한 한 효과적으로 움직여야 한다. 여유롭다고 하여 집안에만 앉아 있거나 자주 누워있는 것은 노년에 접어든 몸의 노쇠화를 촉진할 뿐이다. 사람은 동물의 일종이다. 동물은 문자 그대로 움직임으로써 사는 존재이다. 그와 함께, 마음을 고요히 하여 현재에 집중함으로써 흘러간 과거에 대한 망상과 아직 오지도 않은 미래에 대한 환상을 털어내야 한다. 우리가 사는 것은 바로 현재 이 순간뿐이니, 그 삶을 충실하게 해야 한다. 한순간 앞의 일은 아무도 알 수 없다.

사람이 나이 들면 여유로워져 자연히 성격도 차분해진 다고 하면, 사람의 성격은 타고나는 것이어서 변하지 않는다고 강변하는 사람이 적지 않다. 특히, 미국의 심리학자이자 철학자인 제임스(William James)는 30세 이후 사람의 성격은 석고처럼 굳어 변하지 않는다고 주장하고 있다. 그런데, 근래에 미국 노스웨스턴대학(Northwestern U.) 연구팀은 5만여 명의 자료가 들어 있는 14편의 선행연구를 비교 분석하였다. 그 연구에 있어 성격을 다섯 가지 요소인 개방성, 친화성, 신경성,

외향성 및 성실성으로 나누어 연구 데이터를 종합해본 결과 친화성을 제외한 나머지 네 가지 성격은 세월의 흐름과 함께 변하는 것으로 나타났다는 것이다. 연구팀은 "사람은 노년기에 가까워질수록 가족과 일에 대한 책임이 줄고 근심과 걱정으로부터 의연해져서 성격이 전반적으로 차분해진다."고 설명하였음은 매우 흥미 있는 일이다.[32]

3. 단축돼가는 여생餘生

노인은 나이가 들어감에 따라 그만큼 여생이 단축되는 것이 사실이다. 각자의 여생이 얼마나 남은 것인지를 제대로 아는 사람은 아무도 없지만, 해가 감에 따라 여명餘命이 그만큼씩 줄어드는 것만은 틀림없는 일이다. 여생이 단축되어 가는 것을 노인의 장점으로 꼽는

---

32) 네이버 뉴스, 2019. 12. 06. 나이 들수록 차분하게 변하는 이유, 참조.

다면 그것이 어찌 장점이 될 수 있는가 하고 반론을 제기하는 분도 있겠지만, 적어도 필자의 관점에서는 그렇게 보는 것이다. 붓다께서 적절히 표현하신 것처럼 인생은 괴로움의 바다[苦海]와 같은 것이다. 사람으로 태어나 이 세상을 살아가자면 갖가지 시련과 마주하여야 하고, 그 시련의 바다에서 헤어나기란 쉬운 일이 아니다. 그러자니, 사람이 살아간다는 것은 괴로움의 바다를 헤엄치는 것과 같은 것이라고 할 수 있다. 물론, 살아가다 보면 기쁘고 즐거운 일도 없는 것은 아니지만, 그것은 일시적인 것에 그치고, 어느덧 다시 파도가 넘실거리는 괴로움의 바다에서 허우적거리는 자기를 발견하는 것이 예사이다. 그러니, 사람이 살아가자면 산전수전山戰水戰을 다 겪는 것이 보통이다.

그뿐만 아니라, 붓다의 가장 기본적인 가르침이 담긴 사성제四聖諦, 곧 네 가지 거룩한 진리의 첫머리에 든 것이 괴로움이다. 사람은 태어나서 삶을 이어가는 동안

정도의 차이는 있을지언정 누구나 할 것 없이 괴로움의 늪을 헤어나지 못하는 것이 보통인데, 그것은 사람들이 버리지 못하고 항상 끈끈하게 매여 있는 삼독三毒, 곧 탐욕貪欲, 성냄[瞋恚]과 어리석음[愚癡] 및 자신이 지은 업(業: karma)으로 말미암은 것이라고 한다. 그런데, 12인연법因緣法에 의하면, 11지支 인연인 생겨남[生] 다음인 12지 인연이 바로 늙음, 병듦과 죽음[老病死]이다. 곧, 모든 생겨난 것은 시간이 흐르면 예외 없이 늙고 병들어 죽게 된다는 것이다. 어차피 피할 수 없는 것이라면 늙어 병들어 괴로움을 겪는 시간이 짧게 느껴지는 것이 좋다고 보는 것이다. 아무튼, 늙어 나이가 더 빨리 들어가는 것처럼 느껴지는 것은 그만큼 여생이 단축되어 가는 것 같아 노인으로서는 크게 해로울 것이 없는 일이다. 아무튼, 나이가 들어감에 따라 시간이 빨리 가는 것처럼 느껴진다는 것은 위에서도 살펴본 바와 같이 실험 결과로도 나타난 것이며, 사람이 나이가 들어감에 따라 신체의 기능이 둔화됨으로써 생체시간生體時間이 느려져서 생기는 현상이기도 하다는 것이다.

한편, 노인은 나이가 들어감에 따라 감각기능이 둔화된다. 다시 말하면, 사람이 외부의 '것'과 접하여 그것을 인식할 수 있는 기관인 눈, 귀, 코, 혀 및 몸의 5관五官의 감각이 둔해진다는 것이다. 나이가 들면 눈이 잘 보이지 않고, 귀가 멀어지며, 후각嗅覺과 미각味覺이 둔해져서 냄새나 맛을 제대로 알지 못함은 물론, 몸에 웬만한 상처가 나도 바로 알아차리지 못하는 예가 흔하다. 필자는 연필로 글 쓰는 것을 좋아하고, 볼펜보다 만년필을 더 선호한다. 그에 그치지 않고, 연필을 깎는 것도 연필 깎기를 이용하지 않고, 옛날처럼 일일이 칼로 깎는다. 그러다 보니, 근래에는 연필을 깎다가 가끔 손에 상처가 나는 일이 있지만, 그 당시에는 상처 난 것을 느끼지 못하다가, 피가 눈에 띈다거나 손을 씻으면서 상처에 물이 닿아서야 비로소 손가락에 상처가

난 것을 알게 되는 경우가 반복된다. 통각痛覺이 무뎌진 것이다. 그러니, 얼마 남지 않은 여생을 보냄에 있어 웬만한 아픔은 느끼지 못하고 지나갈 수 있다는 것은 하나의 혜택 같기도 하다.

II. 노인의 단점

1. 불안과 심약

노인은 일반적으로 막연한 불안에 시달림은 물론, 마음
이 약해[心弱]진다. 매일의 생활과 자기에게 닥칠지도
모를 치매 등 정신질환에 대한 불안 및 다가올 죽음에
대한 불안은 물론, 일상의 일에 자신감이 없이 불안이
앞서는 것이 일반적이다. 그뿐만 아니라, 노인이 되면
나이가 더할수록 마음이 약해짐으로써 조그마한 일에
도 마음이 움직이고, 사소한 일에도 감정의 변화가 오
는 것이 예사인 것 같다.

마음이 불안하고 약해지면 일이 손에 잡히지 않고 될
일도 제대로 되지 않는 것이 보통이다. 왜냐하면, 사람
의 모든 행위는 마음에서 비롯되기 때문이다. 마음이

없으면 아무 일도 이루어지지 않는다. "모든 것은 마음이 만든다一切唯心造"라고 하지 않는가? 노인에게 많다는 치매나 건망증과 같은 정신질환은 실은 노인이기 때문에 많이 오는 것이 아니라, 노인의 불안이나 우울증의 연장 선상에서 파악될 수 있는 질환이라는 것이 정신신경학자들의 일반적인 소견임을 볼 때, 노인의 불안과 우울증이 얼마나 심각한 것인지를 알게 한다. 필자의 친지들 가운데 특히 낙천적이며 밝은 성격을 갖고 웬만한 경우에는 불안이나 우울해함을 모르는 사람을 보면 아직도 비교적 쾌활한 성격에 긍정적인 사고를 함으로써 예와 크게 다름없는 인지능력과 기억력을 가지고 있음을 볼 수 있다. 마음은 각자의 마음먹기와 그에 따른 행동에 따라 얼마든지 변할 수 있다. 다시 말하면, 마음은 그대로 두면 오만가지 생각을 다 만들어내는가 하면 곧 그 생각을 바꿈으로써 언제 그런 생각을 하였던가 하고 시치미를 떼고, 바로 다른 생각으로 옮겨 간다. 그러나 생각이란 퍽 온순하고 수줍어하는 것이 특징이어서, 그 생각을 알아차리는 순간 사라지고 만다. 그러니, 마음을 고요히 집중하고, 그 움직임을 주시注視함으로써 잡념이나 불안감에서 벗어날 수 있다. 최근에 캐나다 퀸즈대학(Queens College)의 연구팀이 발표한 바에 의하면 성인의 마음은 하루에 평균 6,000회 정도의 생각을 하는데, 1분에 약 6, 5회 생각의 변환이 이루어진다고 하니, 대부분의 생각은 허망한 것일 수밖에 없을 것 같다.

2. 불평과 고민

노인은 일상생활에 있어 불평 거리가 많은 것도 있지만 사소한 일에도 불평이 많음은 물론, 필요 이상의 고민으로 정신적인 부담을 가중하는 경향이 많다. 불평과 고민은 일상생활에 있어 부정적인 성향인 경우에 두드러지게 나타나는 것이 보통이다. 불평과 고민이 누적되면 자연히 우울해지지 않을 수 없고, 앞에서 본 바와 같이 우울증은 정신건강을 위해서라도 그 완화를 위하여 적극적으로 노력하지 않으면 안 될 일이라고 할 수 있다.

근년에 우리의 생활 주변에서 흔히 볼 수 있는 급격한 변화는 노인들에게 새로운 부담으로 작용하고, 그러한 부담은 노인의 불평 내지 고민의 원인이 되고도 남음이 있다. 우선 근년에 들어 급속도로 보급된 각종 생활기기의 과학적 정교화와 디지털화는 종전의 비교적 단조로운 생활 도구에 익숙한 고령 세대에게는 그것을 새로 배워 익혀야 할 부담이 됨은 물론, 일생을 아날로그 방식의 생활에 익숙한 노인들의 삶을 갑자기 디지털 방식으로 전환한다는 것은 큰 부담으로 작용하지 않을 수 없다.

결국, 노인들의 불평 대상이 됨과 동시에, 노인들은 새로운 부담을 안게 된 셈이다. 그뿐만 아니라, 1980년대

에 들어 보편화의 길을 달리던 PC.(personal computer)
는 노트북(notebook PC.)의 출현으로 급속한 보급을 보
임으로써 2007의 우리나라 가구당 보급률은 80%에 이
르게 되었다니 놀라운 일이다. 그러나 컴퓨터의 급속한
보급은 청소년이나 장년층과는 달리, 적지 않은 수의
노인들은 컴맹33)이라는 달갑지 않은 칭호의 대상이 된
것을 부인할 수 없다.

한편, 1993년에 처음 등장하여 최근에 5세대(5G)까지에
이른34) 스마트폰(smart-phone)은 우리나라의 경우 2019.
2. 11.현재 총 국민의 95%가 사용함으로써 그 보급률

---

33) '컴맹'이란 컴퓨터에 눈먼 사람, 곧 컴퓨터의 맹인盲人이라는 속어
    俗語로 등장한 말이다.
34) 스마트폰은 1993년에 IBM의 사이먼Simon에 의한 초기의 것이 출
    현한 것을 효시嚆矢로 하여, 그 뒤에 1996년의 노키아의 것을 거
    쳐, 2,000년대 초반에는 애플과 LG. 및 삼성 등으로부터 오늘날
    보는 것에 근접한 것으로 발전하고, 드디어 2018년에는 한국의
    삼성 등을 중심으로 5세대(5G) 스마트폰의 출현을 보기에까지 이
    르렀다.

이 세계 1위를 기록하고 있을 정도이다. 스마트폰은 초기의 이동전화나 정보전달 중심에서 게임, 음악, 온라인-구매와 각종 응용프로그램(Application-stores)으로 발전하고, 나아가 핀테크(fintech) 서비스나 브로크체인(block-chain)으로 영역을 확대함으로써 이제는 거의 모든 사람에게 없을 수 없는 필수품이 됨은 물론, 잠잘 때를 제외하고는 심지어 식사를 하면서나 걸어가면서까지 스마트폰에서 눈을 떼지 않고 있다. 그렇다 보니, 스마트폰을 제대로 활용하지 못하면 생활상의 불편을 감수하지 않을 수 없는 상태가 된 것이 사실이다. 그런데, 위에서 언급한 바와 같이 정부에서는 근래에 와서 스마트폰을 이용한 주민등록증을 검토 중임을 발표하였고, 이웃 중국에서는 백화점이나 마트 같은 곳에서까지 스마트폰에 의한 대금결제만을 인정하고 현금결제조차 인정하지 않고 있어 특히 노인들의 불만이 심하다고 한다. 문제는 이러한 전자기기의 급속한 보급과 생활화는 대부분의 사람에게는 편익便益으로 작용하겠지만, 일상생활에 있어서 비교적 답보적이고 보수적인 노인층에는 그 기기의 이용법을 새로이 배워 익혀야 하는 부담으로 작용하는 것임을 부인할 수 없다. 새로 등장한 생활용품으로 인한 노인들의 불편과 불만은 참으로 간과할 수 없는 것임을 이해하고, 그에 관한 병행적인 조치를 고려하도록 하는 배려가 절실하다고 하겠다.

3. 병약病弱

"노인은 병을 끼고 산다."라는 말을 흔히 들을 수 있음은 물론, 불교에서 말하는 사고四苦, 곧 네 가지 괴로움인 생로병사生老病死나 12인연因緣의 열두 번째인 늙음과 병듦 및 죽음[老病死]을 보아도 늙음은 병과 함께 하는 것임을 알 수 있다. 사람은 나이가 들어 노인이 되면 세포분열이 퇴화됨으로써 우선 외관상 피부의 탄력이 없어 보이며, 내부적으로는 신경계의 반응속도가 둔화되고, 대장 근육의 탄력이 감소되어 변비의 위험에 노출되는 것이 보통이다. 그와 함께, 감각기능의 변화로 인하여 시각과 청각은 물론, 미각, 후각과 통각이 둔화되고, 인지능력이 저하됨으로 말미암아 각종 정신질환의 위험률이 높아지며, 면역력의 감퇴로 인하여 여러 질병에 취약함을 어찌할 수 없게 되는 것이 일반적인 일이다.

앞에서 노인은 일반적으로 병약하다는 점을 요약하여 보았거니와, 노인 인구의 비약적인 증가에 따라 정부에서도 노인복지 차원에서 의료보험제도를 비롯하여 장기요양보험제도 등을 마련하여 운용하고 있으나, 우선 양적으로 수요에 미치지 못함은 물론, 질적으로 개선하지 않으면 안 될 현안이 적지 않은 실정이다. 그러나 아무리 완벽한 노인복지제도라고 해도 노인에게 가장 소중한 것들은 나이가 더해감에 따라 하나씩 노인의 곁을 떠나기 마련이다. 노인과 의학에 조예가 깊은 실버스톤(Silverston) 박사는 "나이가 든다는 것은 계속해서 무엇인가를 잃는 것"이라고 말하였는데 참으로 정곡을 찌른 지적이다. 대부분의 노인은 계속해서 가족과 함께 있기를 원하지만, 가족들은 그들의 삶이 있는 것이고, 자식들은 뜻이 있어도 그들 나름의 생업과 또 그들 자식의 양육에 쫓겨 뜻과 같이 되지 않음을 이해하지 않을 수 없다. 결국, "빈손으로 홀로 왔으니 빈손으로 홀로 가는 것"이 자연의 섭리임을 자각할 수밖에 없는 일이다.

II. 노인답게

모든 것은 '그것' 다워야 한다. 들에 핀 꽃은 들꽃다워
야 하고, 추위를 이겨내고 피운 봄꽃은 봄꽃다워야 하
며, 매서운 겨울에 앞서 붉게 물든 단풍은 단풍다운
아련함이 깃들어야 한다. 그와 마찬가지로 노인은 노인
다움에서 노인의 매력과 기품을 느낄 수 있게 한다.
그러한 의미에서 노인을 노인답게 하는 것은 무엇일
까? 필자 나름의 생각을 정리해 보고자 한다.

1. 무너짐에의 순응

무너짐을 거부하지 않고 순응한다는 것은 노인을 가장
노인답게 하는 것이라고 할 수 있다. 불교에서는 생주
괴멸生住壞滅, 곧 생겨나고, 머물며, 무너지고, 사라지는
우주 만물의 모습을 피할 수 없는 네 가지 모습[四相]으

로 본다. 이와 마찬가지로 물리학자들 역시 만물의 생멸을 우주의 기본질서로 본다. 그처럼 무너짐은 생물이거나 물건이거나, 상태거나 질서거나, 우주적이거나 우리 주변의 것이거나 가릴 것 없이, 생겨난 모든 것에 붙어 다니는 것이다. 무너짐이 누구도 피할 수 없는 기본적인 질서라고 한다면 그 질서에 순응하는 것이 미덕美德이고 무위자연에의 길이다.

무너진다는 것은 변한다는 것이고, 변하다 보면 결국에는 사라진다. 위에서 언급한 바와 같이, 어차피 피할 수 없는 것이라면 순응하는 것이 첩경이며, 억지로 피하려고 노력해 보아도 피할 수 없으면서 오히려 남의 눈에 추하게 비칠 뿐이다. 우선, 노인은 자기가 왕성하게 그리고 주도적으로 활동하던 분야는 물론, 집안에서의 위상조차 잃게 되고, 마침내 하나의 평범한 노인의 상태를 맞이하게 된다. 장수 시대가 됨에 따라 오래 산다는 것은 희귀한 현상이 아닌 단순히 한 사람의 나이 든 노인이 된 것이다. 필자가 젊었을 때만 해도 가급적이면 나이 들어 보이려 하고, 나이를 부풀려 말하는 경우가 많았음을 부인할 수 없다. 그것은 당시의 장유유서長幼有序라는 유교적인 전통도 작용하였지만, 나이 들었다는 것에 가점加點이 주어지고, 노인은 으레 존경의 대상이 되었기 때문이라고도 할 수 있다.

그뿐만 아니라, 노인은 약간의 차이는 있지만, 조만간에 혼자 살기 어려울 때를 맞게 된다. 미국의 노인병 전문의인 실버스톤 (Felix Silverstone) 박사는 "노화 과정에는 단일하고 일반적인 세포 메커니즘은 존재하지 않고, 수명을 결정하는 데 있어서 유전인자는 놀라울 정도로 작은 요인에 불과하다."고 단언한다. 독일의 막스 플랑크 연구소의 제임스 보펠(James Vaupel) 박사도 개인의 수명을 결정하는 요인 가운데 부모의 수명이 차지하는 비중은 3%에 불과함을 밝힘으로써 실버스톤 박사의 주장을 밑받침하고 있다. 결국, 개인의 수명은 각자의 정신 및 신체 상태에 의존하는 것이며, 노화 현상으로 인하여 거동이 자유롭지 못하게 되는 것은 피할 수 없다는 것이다. 어떤 분은 '병이 나면 병원에 가서 고치면 되지 않느냐?'라고 할지 모르나, 노인의 병은 복합적이고 연발적連發的이어서, "노인병은 고칠 수는 없고 관리하는 것이 가능할 뿐이다."라는 말이 노인병 전문의제도가 있는 나라에서조차 일반화될 정도임을 알아야 한다. 나이 들어 노인이 되면 뼈와 이는 연해지지만, 인체의 나머지 부분, 곧 혈관, 관절, 근육, 폐와 심장근육 등은 딱딱하게 굳어가지만 면역력은 현저히 약해짐으로써 갖가지 질병을 유발한다는 것을 알아야 한다. 그래서 노인에게 어디가 아프냐고 묻는다면 '아프지 않은 데를 빼고는 다 아프다.'라고 답할 지경이 되는 수가 많다. 결국, 노인은 싫든 좋든 홀로 삶을 유지할 수 없는 상태가 됨을 인정하고, 그에 순응하는 것이 첩경이라고 할 수 있다.

한 가지 분명히 할 점은 사람은 젊거나 늙거나 할 것 없이 '생활'을 해야 하지, '생존'하는 대상이 아니라는 점이다. '생활'이란 어떤 행위나 활동을 하면서 삶을 유지해 가는 적극적 개념인 데 대하여, '생존'이란 살아서 그 존재를 유지하는 것을 뜻하는 소극적 개념이다. 그러므로 사람이 산다는 것은 당연히 '생활'이 되어야 하고, 특히 노인은 무너짐에 순응하되 노인답게 '생활'해야 한다. 우리나라 헌법 제 34조 제1항도 "모든 국민은 인간다운 '생활을 할 권리'를 가진다."라고 명시함으로써 국민의 생활권적 기본권을 보장하고 있다. 그런데도, 헌법재판소는 "오늘날 전쟁과 테러 혹은 무력행위로부터 자유로워야 하는 것은 인간의 존엄과 가치를 실현하고 행복을 추구하기 위한 기본 전제가 되는 것이므로 달리 이를 보호하는 명시적인 기본권이 없다면 헌법 10조와 37조 1항으로부터 평화적 생존권이라는 이름으로 이를 보호하는 것이 필요하다."라고 판시함으로써35) '생존권'이라는 용어를 사용하고 있으나, 이는 위 헌법 제 34조 제1항에 비추어 보더라도 모순된 것이라고 아니할 수 없다.

2. 내려놓기

'노인의 욕심처럼 무서운 것은 없다.'라는 말이 나올 정도로 노욕은 억제하기가 쉽지 않은 것 같다. 노욕이 성한 것은 얼마 남지 않은 듯한 여생을 의식하면서 그 얼마 남지 않은 기간에 이룩하려는 욕심에 쫓기는 심정에서 앞뒤를 가릴 것 없이 거머쥐려고 하기 때문일 것이다. 그러나 한발 물러나 있어야 할 처지의 노인이 오히려 욕심을 부리고 집착한다는 것은 노인의 추한 모습을 드러내는 것이라 아니할 수 없다. 노인이 되면 품었던 탐욕貪欲과 성냄[瞋恚]도 내려놓고 평정심이 되어야 하며, 그래야만 비로소 노인다움을 발산할 수 있

---

35) 헌재 2006. 2. 23 결정 2005헌마368.

게 되는 것이다.

문제는 일생을 두고 끌고 다닌 분별심이다. 사람은 태어나 물정을 알게 되면서부터 '나'와 남, 우리와 저들, 내 것과 남의 것 따위와 같은 경계(境界: boundary)를 설정하고, 자기의 영역을 조금이라도 더 넓히려고 안간힘을 쓴다. 그것은 경계선 밖의 세계는 자기와는 조화될 수 없는 것으로 단정하는 데에서 빚어지는 일이나, 사실 경계선이란 존재하는 의미가 없는 망상적인 일에 지나지 않는 것이다. 왜냐하면, 위에서 본 바와 같이 이 세상의 모든 것은 상호의존관계에 있는 것임은 물론, 다른 것과 담을 쌓을 만한 '나'라는 실체도 존재하지 않기 때문이다. 비유컨대, 사람들이 낮과 밤을 엄격히 구별하는 것과 비슷한 이치에 불과한 것이다. 곧, 밤과 낮이라는 것이 따로 있는 것이 아니고, 지구가 자전함으로써 태양을 향한 쪽에서는 낮이라 하고, 그 반대편에서는 밤이라고 부르는 것과 같으며, 빛을 받는 지구나 빛을 내는 태양 자체에는 밤낮으로 구분된 아무것도 존재하지 않는 것과 같다. 그러니, 적어도 노인의 처지에서는 분별심을 털어내고 마음을 평정함으로써 탐심을 내려놓아야 마땅한 일이다.

아집我執 이야기가 나왔으니 짚고 넘어가야 할 일이 있다. 위에서 말한 분별심과 관련된 문제이다. 우리나라 사람들은 역사적으로 파당派黨 만들기에 능숙한 것 같다. 후기조선이나 해방 직후의 상황을 들출 것도 없이 파당을 만들어 진영논리陣營論理에 몰두하다 보면 상대방의 주장은 옳건 그르건 무턱대고 배척하고 중간영역을 찾을 길이 없다. 현재 우리나라의 상황도 큰 예외가 아니다. 거기에 노인의 고집은 꺾기 어렵다는 말을 무색하게 하리만큼 노인은 완고한 것이 보통이다. 필자와 절친한 사이의 연배에 정치 문제, 특히 보수적인 성향에 투철(?)한 사람이 있어, 자나 깨나 늘 정치 문제에 관한 생각에 매달려 지내는 것이 일이었다. 필자가 정치 문제는 그만 내려놓도록 간곡히 권해도 마이동품馬耳東風이었다. 소학小學에 "그 자리에 있지 않으면 그 일을 도모하지 말라[不在其位 不謀其政]."라는 말이 있으니, 특히 노인들에게 시사하는 바가 크다.

3. 노인병에의 대처

노인병 분야의 석학인 실버스톤 박사는 "노인병은 관리할 수는 있지만 치료하기는 어렵다"고 강조하였음은 앞에서 소개한 바 있다. 노인의 병약함에 관해서는 위에서 간단히 살펴보았거니와, 노인은 경중을 가릴 것 없이 갖가지 병이 복합적으로 나타날 뿐만 아니라, 갖가지 병에 시달리는 것이 일상이라고 하여도 결코 과언이 아닐 것이다. 그렇다 보니, 노인 가운데에는 병원에서 살다시피 하는 사람도 적지 않다. 필자가 70대 초반이던 때에 장관腸管의 이상으로 병원에 입원하여 꽤 큰 수술을 받은 일이 있다. 필자는 수술 후에 입원실 침대에 홀로 누워 책을 읽거나 아니면 눈을 감고 누워 있는 것이 보통이었다. 입원실에 들른 간호사들은 환자가 눈을 감고 조용히 누워있으니 잠이 든 것으로 잘못 알고 자기들끼리 별소리를 다하였다. 하루는 눈을 감은 채 침대에 누워있자니, 한 간호사가 '그 노인 또 들어왔다.'라고 말하자, 다른 간호사가 그 말을 받아 '도대체 언제까지 살려고 또 입원하지?'라고 하면서, '차라리 주민등록을 이리로 옮기지!'라고 말하는 것을 듣고, 한편으로는 간호사들이 괘씸하기도 했지만, 또 한편으로는 무척 자주 병원을 찾는 노인이 계시는 것을 알게 되었다. 노인의 병은 복합적인 것이 많음은 물론, 면역력의 약화와 체력의 저하 등으로 근본적인 치료가 매우 어려운 것이 사실이다. 그러니, 웬만한 병이라면 나이 탓으로 돌리고 참고 견디는 것이 본인은 물론 주변 사람들을 위해서도 바람직하다고 생각된다. 선진 외국에서는 나이 80이 넘으면 종합건강진단을 하지 않는 것이 관례라는 말을 들은 적이 있다. 종합건강진단을 하는 첫째 목적은 심각한 병의 조기발견에 있다. 그러나 80대 노인은 건강진단을 통해서 병을 발견한다고 해도 효과적인 치유가 어렵다는 것이다. 곧, 그 병에 직접 대처하지 않는 경우와 수술 등의 치료 방법을 강구하는 경우를 비교하면 수술 등의 방법을 취하지 않는 편이 오히려 환자를 위하여 나은 경우가 많기 때문이다.

많은 노인의 경우와 마찬가지로 필자도 수년 전부터 체위성體位性 저혈압으로 불편을 겪는다. 노인에게 특히 많이 나타나는 증상으로, 앉았다 일어나는 것처럼 자세를 바꾸는 동안에 뇌가 제 기능을 하기 위하여 필요한 적정한 혈압을 유지하지 못하는 데서 비롯되는 증상이라고 한다. 이 경우에 의사들이 도와줄 수 있는 일은 '앉았다 일어나는 경우에 너무 빨리 움직이지 말고 조심스럽게 일어나라는 것' 외에는 특별한 방법이 없다.

이것은 하나의 예이지만, 나이가 들다 보면 이러한 유의 병은 끼고 사는 것으로 치부할 수밖에 없다.

나이가 들수록 정도의 차이는 있으나 눈물이 많아지는 것이 보통이어서, 노인들은 가만히 있어도 자주 흘러내리는 눈물을 닦느라 불편해하며, 자주 흐르는 눈물로 눈꼬리가 헤지는 경우조차 볼 수 있다. 노인의 경우 눈물이 자주 흐르는 주된 이유는 첫째로 나이가 들면 외부에서 약간의 자극이 와도 눈물을 안정시켜주는 기름 막의 형성이 잘되지 않아 눈 표면이 찬바람이나 꽃가루 등의 자극에 노출되면 반사적으로 눈물이 나오게 되는 것이다. 다음으로, 노령이 되면 눈꺼풀의 탄력이 저하되는 퇴행성으로 말미암아 눈물의 흐름이 많다. 그러나 눈물이 많아지는 것은 노화로 인하여 자연스럽게 나타나는 현상이어서 크게 염려할 일은 아니며, 찬바람에 직접 노출된다거나 눈이 특히 피로해지는 것을 피하면 된다.

좋건 싫건 오랜 기간을 잘 지탱하여 준 몸이다. 아무

리 정밀하고 튼튼하게 만들어진 기계라고 해도 7, 80
년 이상을 써서 그대로인 것이 어디에 있겠는가? 오직
감사할 따름이다.

4. 나이에 매이지 말아야

어느 신문에선가 읽은 "나이 들었다고 생각하는 만큼
늙는다."라는 말이 생각난다. 나이가 들면 매일의 생활
이 단조롭고 무료해서 지난날의 일이나 아직 돌아오지
도 않은 미래에 대한 망상에 젖는 경우가 많고, 자기
의 나이를 거슬러 올라간다거나 자기와 가까운 친구를
생각하면서 자연히 자기의 나이를 생각하는 경우가 많
다. 그러나 자기와 동갑내기라고 해도 어떤 친구는 나
이에 비하여 훨씬 더 늙어 보이고 몸이 쇠약해졌는가
하면, 어떤 친구는 나이를 짐작도 못 할 만큼 건강하
고 젊어 보이는 경우가 많다. 그러니, "나이는 숫자에

불과하다."라는 말에 수긍이 간다.

노인이 좋든 싫든 관계없이 노인은 아무나 되는 것이 아니다. 노인이 될 때까지 살고자 해도 모든 사람이 노인이 될 수 있는 것은 아니며, 반대로 노인이 되기 싫다고 반드시 노인이 되기 전에 죽는 것도 아니다. 노인은 오직 그 나이에 이른 사람만의 것이며, 오르기 힘든 산봉우리에 올라선 것이나 다름이 없다. 그러니 노인이 될 때까지 지탱하여 준 몸이 얼마나 고마운지를 알 수 있다. 그러나 생겨난 것은 모두 사라지기 마련이어서, 우리가 사는 '지금'은 언제나 함부로 보낼 수 없는 소중한 시간임을 알고, 얼마 남지 않은 시간을 알차게 하기 위하여 각자의 주어진 여건 속에서 바로 '지금', 이 순간을 충실하게 보내려고 노력하여야 함은 물론이다. 얼마 전에 조선일보를 보던 중 문득 "75세부터 지각도 결근도 없이 17년..... 아흔한 살 '맥도날드 알바생'의 은퇴"라는 제법 큰 활자로 뽑은 제자

題字가 눈에 띄었다. 사연은 다음과 같다.

2003년 서울 강북구 미아동에 있는 패스트푸드점인 맥도날드에 75세의 노인 임갑지 씨가 아르바이트생으로 들어왔다. 일주일에 3일씩 출근해서 오전 9시 30부터 4시간 동안 테이블과 의자를 정리하고 컵과 쟁반을 닦는 것이 그의 일이었다. 함께 일하는 20대 동료 알바생에게도 존댓말을 하면서 묵묵히 일한 임 씨는 맥도날드에서 팔순과 구순을 보냈다. 그동안 한 차례의 지각이나 결근도 없었다는 임 씨는 20km 떨어진 양주역에서 오전 7시 48분 열차를 타고 30분 일찍 출근했는데, 미아역 주변에서부터 쓰레기와 담배꽁초를 주웠다고 한다. 매장 안에서 침을 뱉고, 의자에 다리를 올리며 큰 소리로 떠드는 학생이 보이면 다가가서 먼저 인사를 건넨 뒤에 바닥을 닦았다. 그러면 거칠었던 아이들은 '죄송하다'며 자세를 고쳐 앉기도 했다고 한다. 올해 91세인 임 씨는 여전히 건강하지만, 가족들의 권유로 17년간 다니던 맥도날드 매점을 퇴사하기로 하였다. 맥도날드 본사에서는 17년간 임 씨가 보여준 헌신과 철학에 공감하면서 감사패를 수여하는 등 성대한 은퇴식을 열었다고 한다. 그의 은퇴식에서 임 씨는 "시급時給 받는 알바생일 뿐이지만, 매장 관리자라고 생각하며 점포를 내 것처럼 아꼈다."라고 하면서, "지금 처한 위치에서 최선을 다해야 어디서든 도약하고 성공할 수 있다는 이야기를 전하고 싶다."라고 말했다.[36] 불가佛家에서 강조하는 "어느 곳에서나 주인이 되면, 있는 곳이 모두 진리의 자리이다[隨處作主 立處皆眞]."라는 말을 행동으로 보인 예라고 하겠다.

5. 어느 택시기사와의 대화

며칠 전의 일이다. 사무실을 나와 집으로 돌아가기 위

---

36) 조선일보 2019. 11. 14. A27.

해서 길가에서 택시를 기다리고 있었다. 약 5분이나 되었을까 싶을 때에 빈 택시 한 대가 앞에 와서 섰다. 문을 열고 올라타면서 보니 꽤 나이 들어 보이는 분이 핸들을 잡고 있는데, "어디로 가십니까?"라고 묻는 목소리가 역시 나이가 많은 분 같이 느껴졌다. 필자는 행선지를 말해준 다음, 곧 "실례지만 연세가 얼마나 되셨나요?"라고 물어보았다. 답은 의외로 "아직 젊어요."라는 짤막한 한 마디였다. '그럴 것 같지 않은데...'라는 생각이 다 하기도 전에 "손님은 80대 후반쯤 되셨어요? 저는 용띠, 경진생庚辰生입니다."라고 하였다. 경진생이라면 우리 나이로 81세인 셈이다. 나이가 81세라면 택시 기사로는 드문 예일 뿐만 아니라, 그의 말씨가 예사롭지 않아 필자는 계속하여 말을 걸어 대화가 이어졌다.

"연세가 꽤 많으신데, 택시 운전이 어렵지 않으세요?"
"몸에 배어서 별로 어렵지 않습니다."
"운전은 얼마나 하셨나요?"

"한 육십 년은 될 겁니다. 인제 그만 두어야지요. 이 짓만 하다가 갈 수는 없지 않습니까? 올해 말로 제 나이가 만 80을 채우니 그것으로 이 일을 마칠 계획이지요."

"그럼 내년부터는 편히 쉬시겠네요."

"친구 한 명과 계획한 것이, 내년에는 가보지 못한 좋은 곳을 찾아다니면서 팔도 음식도 먹어볼 작정입니다. 우리나라는 금수강산 아닙니까? 아름다운 곳이 많아요."

"좋은 생각인 것 같습니다. 부럽습니다." 그분은 필자가 자기와 비슷한 연배라고 생각해서인지 묻지 않은 말을 꺼냈다.

"내년에 여행을 마치고 나면, 이제 살 만큼 살았으니 죽을 준비를 해야지요. 사람들은 오래 살기를 바라는데, 오래 살면 짐이지요. 나는 죽으면 평소에 입던 깨끗한 옷으로 입고 화장하여 들판에 뿌려주었으면 좋겠어요. 화장하면 어차피 타서 없어질 건데, 비싼 수의

壽衣가 무슨 소용입니까? 차라리 그 돈이 있으면 어려운 친척에게 나눠주는 것이 낫지요." 그런 저런 이야기를 나누는 사이에 택시는 집 앞에 이르렀다. 그 기사의 말은 나이 든 사람에게 하나의 교훈이 되었다고 생각된다.

III. 우아하게 나이 들기

우아하게 나이 든 노인을 보면 스스로 존경스럽고 아름답게 느껴진다. 사람들은 그런 분을 기품 있게 잘 늙으신 분이라고 한다. 그 말뜻을 새겨보면 우아하게 잘 늙기란 퍽 어려운 일이라는 것을 알게 한다. 노력 없이 제대로 되는 일은 없다. 우아하게 나이 들기 위해서는 늙음에 관계없이 꾸준히 노력하여야 한다는 것을 일깨워준다. 우아하게 나이 들기 위해서 해야 할 일이 많겠지만, 필자의 관점에서 특히 중요하다고 인정되는 것을 몇 가지 들어보고자 한다.

1. 건강 유지하기

무엇보다도 먼저 건강이 유지되지 않으면 만사가 끝이다. 건강이라고 해도 나이 들어서의 건강이 젊어서의 건강 상태와 같을 수는 없는 일이나, 적어도 최소한의 활동을 지탱하여 줄 수 있는 건강 상태를 유지하여야 함은 당연한 일이다. 일본에는 노인삼불老人三不이라는 말이 있다. 노인이 하지 않을 세 가지 이야기이다. 곧, 첫째 과식하지 말기, 둘째 넘어지지 말기, 셋째 감기 들지 않기의 세 가지이다. 이 말을 하면 "누가 넘어지고 싶어서 넘어지며, 감기 들고 싶어서 드는가?"라고 반문 겸 항의를 하는 사람이 있겠으나, 넘어지지 않고 감기 들지 않도록 조심하라는 뜻이다.

1) 적게 먹고, 많이 씹기[小食多嚼]:

노인이 되면 소화기계는 신축성이 약화되어 정상적인 운동을 하지 못하는 것이 보통이다. 노인들 가운데 소화기계통의 질환이 많은 것도 그 까닭이라고 한다. 우선, 위의 부담을 덜어주는 첩경은 적게 먹음으로써 위의 부담을 그만큼 적게 하는 일이다. 적게 먹되, 가급적 좋은 질의 단백질이 많은 음식을 섭취하여 필요한 열량을 공급하면 그것으로 족하다. 다만, 유의할 점은 음식을 먹을 때에 많이 씹으라는 것이다. 음식물을 많이 씹으면 씹는 동안에 입에서 나오는 침과 충분히 혼합될 수 있어 소화에 도움이 됨은 물론, 잘 씹어서 넘기면 위의 부담을 그만큼 덜어주는 결과가 되어 소화에 이로울 것은 당연한 일이다. 나이가 들수록 무엇이 그리도 급한지 음식 먹는 시간이 짧아지는 예가 많은데, 나이가 들면 오히려 식사 시간을 늘려 한가롭게 먹는 것이 소화에 도움이 된다는 점을 새겨야 하겠다.

2) 체력 유지하기:

건강은 체력의 유지에 의존한다고 해도 과언이 아니다. 노인이 되면 체력이 현저히 저하되어 건강의 퇴화를 가져오는 것이 특징이다. 그러나 그러한 가운데에서도 활동을 밑받침할 수 있는 최소한의 체력의 유지가 필요함은 말할 나위조차 없는 일이다. 노인의 체력을 유지하기 위해서 가장 중요한 것은 걷기 운동이라고 할 수 있다. 걷는다는 것은 움직임의 기본이고, 움직임은 동물로서의 인간에 있어서 피할 수 없는 요소일 뿐만 아니라, 비교적 쉽게 할 수 있는 전신운동이다. 노인이라고 하여 집안에만 들어앉아 있으면 자연히 자주 눕게 되고, 자기도 모르는 사이에 근육이 풀리며 힘이 빠지게 되는 것이 보통이다. 그러기 때문에, 목표를 설정하고 매일 걷는 습관을 들이는 것이 좋다.

노인의 경우 특히 유의할 것은 넘어지지 않도록 항상 조심하는 일이다. 노인은 여러 가지 요인으로 자기도 모르는 사이에 넘어지는 수가 많고, 노인의 넘어짐은 심각한 결과로 이어지는 경우가 적지 않음을 유의하여야 한다. 근래에 YTN 뉴스가 전하는 통계에 의하면 노인의 넘어짐 가운데 63.4%에 해당하는 많은 경우가 집안에서 일어나며, 그 경우 침실에서 넘어지는 것이 18.5%나 된다는 것은 참고할 만한 점이다. 특히, 노인의 넘어짐 가운데 56.4%가 낙상사고이며, 겨울철에 일어나는 넘어짐이 30%에 이른다는 것은 이해할 만한 일이다. 넘어짐의 방지와 관련하여 한두 가지 제언하고자 한다. 먼저, 신은 모양새보다도 발에 편한 것을 선택하는 것이 가장 중요한 일이며, 뒤축의 턱이 없어 높지 않은 것을 신는 것이 좋다. 뒤축의 턱이 계단이나 보도블록 등에 걸려 넘어지는 예가 의외로 많다고 한다. 다음으로, 가급적이면 지팡이를 들고 다니는 것이 넘어짐 방지에 도움이 된다고 한다. 그런 까닭에, 미국의 주州 가운데에는 70세 이상의 노인에게 지팡이 사용을 권장하는 곳도 있다고 하니 참고할 만한 일이다. 노인이 넘어지는 경우, 고관절 손상이나 뇌진탕이라는 심각한 결과를 가져올 수 있는 확률이 높기 때문에 특별한 주의가 필요하다.

노인은 신체 장기의 기능이 심각하게 저하됨으로써 허약해지는 경우가 많은데, 통계적으로 볼 때 그것을 스

스로 감지할 수 있는 요소로 다음의 다섯 가지를 든다. 즉,

첫째로 들 수 있는 것이 탈진인바, 기력이 극도로 저하하여 활동에 불편을 느낄 정도로 힘이 없는 상태가 되는 경우이다. 본인이 평소와는 달리 몸에 힘이 떨어짐을 느낄 때는 우선 쉬는 것이 상책이다.

둘째는 근력의 감소다. 여기에서의 근력감소란 일을 능히 감당해 낼 수 있는 근육의 힘을 말한다. 근육은 한번 빠지면 다시 회복하기가 힘들기 때문에 평소에 양질의 단백질을 섭취하고 적당한 운동을 계속하는 것이 필요하다.

셋째로 들 수 있는 것은 보행속도의 저하다. 자신의 평상시 걸음걸이와는 달리 보행속도가 느려졌음을 느낄 정도로 저하되면 체력의 감퇴를 알리는 신호라고 할 수 있다.

넷째는 신체 활동량의 감소이다. 기력이 저하하면 누구든지 움직이기가 싫어지고 기대거나 눕고자 하는

생각이 자주 드는 것이 보통이며, 자연히 신체의 활동량이 줄어들게 된다.

마지막으로 들 수 있는 것은 체중 감소이다. 나이가 들어 체중이 줄어들면 그만큼 체력이 저하하는 것이 일반적이며, 노인의 체중은 한번 감소하면 여간해서 다시 복원되기가 어렵다.

위에서 본 바와 같은 증상이 나타나는 경우에는 자기의 체력이 심히 감퇴되고 있음을 감지하고, 적당한 운동과 적절한 음식조절로 체력의 유지를 도모하는 것이 현명한 일이다.

3) 건강한 생활습관 기르기:

올해 1월 8일 자 영국의학잡지(British Medical Journal)에 의하면 건강수명을 늘리려면 먼저 건강한 생활습관을 길러야 한다고 하면서, 길러야 할 생활습관으로 다섯 가지를 들고 있는데, 그것은 첫째로 금연, 둘째로 건강 식단의 활용, 셋째 표준체질량지수(BMI)의 유지,

넷째 하루 30분 정도의 중등 정도 운동 및 끝으로 절제된 적정한 음주다.

이 가운데 금연의 필요성에 대하여는 누구나 아는 바와 같이 비단 고령자만의 일이 아니라, 모든 사람에게 요구되는 것이라고 할 수 있다. 건강 식단의 질은 건강식이지수(健康食餌指數: AHEI.)를 참작한 것으로, 통곡물이나 채소와 생선의 비중이 높으면 점수가 올라가고, 고기나 가공식품과 유제품의 비중이 높으면 점수가 내려가는 것으로 이해하면 된다. 체질량지수(BMI)는 체중을 키의 제곱으로 나누어 계산하는데, 건강한 체질량지수는 18.5 내지 25로 본다. 적정한 음주의 기준은 남성은 하루 두 잔, 여성은 하루 한 잔으로 보는 것이 보통이며, 한 잔의 양은 술의 종류나 알코올의 도수에 따라 다르나, 맥주의 경우는 330cc., 와인은 140cc., 증류주 알코올 40% 이상은 40cc. 를 기준으로 한 것이다. 나이가 들면 거의 모든 사람이 치매(癡呆: alzheimer)에 관한 걱정을 많이 한다. 그러나 미국의 딘 세르자이 박사는 연구 결과 치매는 노화나 유전보다도 생활습관에서 비롯되는 병이라는 주장을 펴면서, 하루하루 생활습관의 중요성을 강조함을 유의할 필요가 있다. 특히, 뇌의 건전한 활동을 유지하는 것이 필요하며, 그 방법으로는 독서나 규칙적인 신문읽기를 들 수 있으나, 그것은 맹목적인 읽기보다는 집중적인 생각을 수반한 독서가 보다 도움이 된다고 한다.

4) 집중력 기르기:

나이가 들면 누구나 할 것 없이 집중력이 떨어지는 것이 보통인데, 이는 뇌의 집행능력이 쇠퇴하기 때문으로 알려져 있다. 뇌의 집행능력이란 무엇인가를 계획하며, 일을 결정하고 통제하는 능력을 말한다. 집행능력은 20대에 절정기에 이른 다음, 점차로 약해지는 것이 통례이다. 집행능력이 감퇴되면 익숙한 일에 실수失手가

잦아지며, 망각하는 일이 점차로 늘어나고, 잘못된 결정을 내리는 빈도가 증가함을 알 수 있다. 이와 같은 집중력의 약화는 노화 현상이 짙어짐에 따라 가속하는 것이 일반적이다.

노화와 더불어 가속하는 집중력의 감퇴를 완화하는 방법으로 미국의 하버드 헬스 퍼브리싱(Harvard Health Publishing)은 다음의 다섯 가지를 제시한다.

첫째로 시간표 짜기를 들 수 있다. 하루에 할 일을 적절한 묶음으로 나누어 시간을 배정하는 방법이며, 각 단위의 시간 사이에는 짧은 휴식 시간을 둔다. 이처럼 시간표를 마련하면 하루의 생활을 그 시간표에 맞추어 진행하도록 함으로써 정신적으로 방만해지는 것을 막으려는 것이다.

둘째는 커피다. 혈당이 급격히 오르내리면 집중력이 떨어지게 되며, 채소, 과일 및 섬유질이 풍부한 음식을 섭취하면 혈당을 안정적으로 유지할 수 있다. 또, 적절한 양의 커피는 카페인으로 말미암아 단기적으로 집중력을 높이는 효과가 있으나, 설탕과 크림을 넣지 않은 원두커피를 하루에 두세 잔 마시는 것이 좋다.

셋째는 두뇌의 훈련이다. 두뇌의 훈련은 결국 두뇌를 계속하여 적극적으로 활동하게 하는 것이다. 그것을 위해서는 새로운 기술을 습득한다거나 외국어를 배우며, 그림 그리기나 요리를 배우는 방법을 취할 수도 있을 것이다. 계속해서 '읽고 생각'함으로써 두뇌의 활성화를 도모하는 것이다. 누구나 쉽게 할 수 있는 효과적인 방법의 하나는 매일 신문을 자세히 읽고 스스로 생각하는 일이다.

넷째로 들 수 있는 것은 어울리기다. 나이가 듦에 따라 일반적으로 나타나는 현상의 하나는 외로움이다. 주변의 친숙한 친구들이 세상을 떠나고,

생존 중인 친구도 건강 관계로 출입이 불편하게 되는 예가 많아 노인들은 누구나 할 것 없이 외로움을 겪는 것이 큰 문젯거리로 부각되고, 외로움은 불안이나 스트레스의 원인이 된다. 이러한 상황은 집중력을 떨어트리는 중요한 원인이 된다. 그렇기 때문에, 노인은 돈을 들여서라도 친구를 만든다는 말이 나오기까지 한다. 사람들과 자주 어울리도록 노력함으로써 서로의 대화를 통하여 갖가지 정보도 업데이트(update)하고 사교 생활도 유지하도록 함으로써 두뇌의 집중력을 유지하도록 하여야 한다.

끝으로, 알람 끄기이다. 근년에 거의 누구나가 갖고 있는 스마트 폰은 갖가지 알람을 보냄으로써 정신집중에 큰 장애가 된다. 그러므로 정신을 집중하여야 하는 때에는 알람을 꺼두는 것도 하나의 방법이며, 일정한 시간 동안 특정한 앱(app.)을 사용하지 못하게 하거나, 특정한 사이트를 차단하는 앱이 도움이 될 수도 있다.

5) 몸과 마음은 하나:

사람은 육체인 몸과 정신인 마음으로 이루어졌다는 것은 누구나 다 아는 일이다. 그런데도 현실의 생활에서는 주로 몸만 생각하고, 마음에는 등한한 것이 보통이다. 그렇기 때문에, 몸을 단련하기 위해서 운동에 힘쓴다거나, 몸에 좋다는 약이나 음식을 먹기에 바쁘다. 이와 같이 사람은 몸과 마음으로 이루어졌음을 인정하면서도 몸에 편중되는 경향이 많은 것은 사람의 분별심에서 빚어진 일이라고 할 수 있다. 사람은 모든 일에 이분법적인 사고를 함으로써 '나'나 '나'와 가까운 편이 아니면 배척하려 드는 것이 보통이어서, 연기법을 기본교리로 삼는 불교에서는 이러한 분별심을 적극적으로 경계한다. 사실, 몸과 마음은 둘이 불가분의 상호의존관계에 있는 것이어서, 이들 둘은 나눌 수 있는 둘이 아닌 둘로써 이루어진 하나이고, 따라서 심신일체心身一體인 것이다.

'심신일체'라는 것은 특히 노인의 처지에서 깊이 새겨야 할 점이다. 몸의 기력이 저하되면 마음도 따라서 우울해지는 것이 보통인가 하면, 마음이 불안하고 허전하면 몸이 무겁고 나른해지기 마련이다. 반대로, 운동한 뒤에 몸이 가볍게 느껴지면 마음도 한결 경쾌함을 느낄 수 있고, 좌선한다거나 좋은 내용의 책을 읽은 뒤에는 몸도 가벼워짐을 느낄 수 있다. 이는 몸과 마음이 상호작용을 일으키는 좋은 증거라고 할 수 있다. 그러므로 마음에 관한 수련이나, 육체적인 운동을 가릴 것 없이 모두 서로에게 도움이 되는 것임은 부인할 수 없는 일이다. 필자는 아침 일찍 일어나 맨손체조와 스트레칭을 한 다음 좌선坐禪을 하는데, 정신적으로나 육체적으로 크게 도움이 되는 것 같다.

2. 욕심을 줄이고 만족함을 알기[少欲知足]

1) 욕심 줄이기[少欲]:

욕심이란 무엇을 탐내거나 누리고자 하는 마음의 작용을 말한다. 사람은 흔히 오욕五欲에 매여 산다고 한다. 오욕이란 색욕色欲, 재욕財欲, 명예욕名譽欲, 식욕食欲과 수면욕睡眠欲의 다섯 가지를 가리킨다. 욕심을 경계하는 것은 욕심은 일반적으로 탐욕성貪欲性을 띤다는 점 때문이다. 탐욕은 자기의 처지나 조건 등을 고려함이 없이 맹목적으로 자기가 추구하는 욕심에 집착함으로써 만족할 줄을 모르는 데에 문제가 있다. 그러므로 불가佛家에서는 물론, 모든 종교에서는 욕심을 금기(禁忌: taboo)의 대상으로 여기는 것이다. 왕성하게 활동하는 사람의 경우에도 욕심 줄이기를 권장하거늘, 하물며 노인에 있어서야 더 말할 나위조차 없는 일이다.

하기야 "노욕처럼 무서운 것은 없다"라거나, "노욕은 노추老醜의 대표다."라는 말이 달리 나왔겠는가? 수년 전에 이미 장관직까지 지낸 70대 중반의 법조인이 다시 꽤 높은 벼슬자리에 오르자, 그를 아는 많은 사람이 말하기를 "노욕의 발로"라고 탓한 일이 생각난다. 노인이 되어도 욕심을 버리기가 쉽지 않음을 나타내는 말이다. 그러나 노인이 자기의 분수도 모르고 욕심에 매인다면, 그렇지 않아도 뜻대로 되는 일이 많지 않은 처지에서 스스로 불만을 꾸며내는 꼴이 되지 않을 수 없음은 명백한 일이다. 특히 노인은 마음 편한 것이 제일이다. 나이가 들면 될 수 있는 대로 욕심을 내려놓도록 최선을 다하는 것이 현명한 일이다.

2) 만족함을 알기[知足]:

아무 탈 없이 하루를 넘기고 저녁에 편히 잠자리에 들 수 있는 것만 해도 여간 복된 일이 아니다. 어디 그뿐인가? 자손들이 각자의 생업에 매여 자주 찾아주거나 연락을 못 한다고 해도 건강하고 아무 탈 없이 그들의 일에 충실하게 임함으로써 큰 걱정거리가 되지 않는 것도 퍽 다행한 일이 아닐 수 없다. 이러한 모든 일이 모두 만족스러운 것임을 마음으로 깨달아야 한다. 노인의 만족은 보약 몇 첩보다 나은 정신적 효과가 있는 것이다. 만족을 큰 것에서만 구하기 때문에 만족에 인색해지지만, 만족에는 크고 작은 차이가 없고, 오로지 그것을 마음에서 어떻게 받아들이는지에 차이가 있을 뿐이다. 특히, 만족함을 안다[知足]는 것은 앞에서 본 욕심 줄이기[少欲]와 표리表裏의 관계에 있는 것이라고 해도 과언이 아니다. 곧, 욕심이 많으면 만족하기가 쉽지 않지만, 욕심이 적으면 그만큼 만족하기가 쉬울 것이기 때문이다.

만족은 오직 마음의 작용일 뿐이다. 어느 정도로 그의 뜻이 충족되면 만족할 것인지에 관해서 시사하는 기준은 아무것도 없다. 오직 마음으로 만족스럽게 느끼면 그것으로 족한 것이다. 그래서 만족은 오직 마음의 작용일 뿐이라고 하는 것이고, 마음이 어느 정도 여유로운지, 마음이 얼마나 욕심으로부터 자유로운지 등에 따라 만족의 난이難易가 좌우될 수 있을 뿐이라 하겠다. 그러나 한 가지 분명한 것은 나이가 들수록 욕심을 내려놓고 마음을 여유롭게 가짐으로써 만족할 줄 아는 것이 정신건강을 위해서도 필요한 일이라는 점이다.

3. 늙음은 인생의 보람

1) 나이 듦은 축복이다:

나이 들어 늙음에 이르렀다는 것은 그것 자체가 인생의 보람이요, 축복이라고 할 만한 일이다. 인생은 고해苦海라고 하지만, 사람으로 태어나 갖은 노력을 다하여 거센 파도를 극복하고 노인의 단계에까지 이른 것이니, 그 얼마나 대견한 일이겠는가? 노인은 불만이나 허탈감에 사로잡힐 일이 아니라, 자기가 인생의 먼 길을 보람 있게 살아옴으로써 오늘날 그에 대한 축복을 받는 것이라고 자부함이 마땅한 일이다. 나무는 오래될수록 모습이 늠름해짐은 물론, 범접하기 힘든 위용威容을 자랑한다. 수령이 1,000년을 넘는 것으로 이름난 용문사龍門寺의 은행나무는 임진왜란과 일제의 격변기는 물론, 6.25동란 등 숱한 풍상을 겪으면서도 꿋꿋하게 그 자리에 서서 자신을 온전하게 지켜온 보람을 부인할 사람은 없을 것이다. 어디 그것이 나무에 한하는 일이겠는가? 모든 것이 오래되면 으레 관록이 붙고, 스스로 중후해지며, 감히 함부로 다루기 어려워지는 것이 보통이다. '오래되다'는 것은 '잘 지탱해 왔다'는 뜻을 함축한다. 어려움 없이 오랜 시간을 지탱한다는 것은 기대할 수 없는 것이 보통이기 때문이다. 그래서 나이 들어 노인이 된 것을 스스로 깎아내릴 일이 아니라, 인생의 보람으로 생각하고, 축복임을 자랑스럽게 여길 일이라는 것이다.

나무가 연륜年輪이 들면 마디가 생기고, 야생동물이 일정한 나이가 되면 털갈이를 하며 늙어 일정한 단계에 이르면 갑자기 힘이 쇠진하여 무리를 떠나는 것처럼, 사람의 경우도 노화는 일생을 두고 일정한 속도로 꾸준히 진행되는 것이 아니라, 세 단계의 급격한 노화 단계를 거친다는 것이다. 최근 과학학술지 '네이처 메디신'에 발표된 미국 스탠퍼드대학 연구진의 논문에 의하면, 사람은 34세, 60세 및 78세라는 세 단계의 노화 촉진단계가 있어 그 무렵에 노화가 급속하게 진행하는 변곡점變曲點을 이룬다고 한다.[37) 우리나라의 전해오는 말에 "사람은 환갑을 잘 맞이하기 힘들고, 그 뒤에 아홉 고개를 넘기가 어렵다."는 이야기가 있으니, 일맥상통하는 바가 있는 것 같다. 나이 든 사람이 참고로 할 만한 일인 것 같다.

---

37) 네이버 뉴스 한겨레, 2019. 12. 10, '인간은 세 번 늙는다.' 참조.

2) 일을 찾아 즐기기:

노인들은 흔히 "이 나이에 무슨 일을 하겠는가?"라고 하여 미리 단념하는 경우가 많다. 그러나 일을 한다는 것과 나이와는 직접 관계되는 것이 아닐 뿐만 아니라, 자기에게 주어진 여건에 알맞고 보람 있는 일은 얼마든지 찾을 수 있다. 일은 "시작이 반이다."라거나, "시작하는 때가 바로 가장 알맞을 때이다."라는 말이 있듯이, 첫발을 내딛기도 전에 미리 거리부터 걱정할 일은 아니다. 여기에 필자가 존경하는 법학계의 대선배이신 최태영 선생님의 이야기 한 토막을 소개하고자 한다.

법철학을 전공하신 선생은 해방 후에 서울대 법대학장을 역임하셨는데, 뒤늦은 70대 후반에 이르러 한국 고대사古代史 연구에 뜻을 세워 자료수집과 연구에 열중한 끝에 88세 되던 해에 "한국 상고사上古史 입문"이라는 책을 내기에 이르렀고, 근 30년간의 연구 결과 100

세에 이르러 "인간 단군檀君을 찾아서"를 출간하였으며, 그로부터 2년 뒤인 102세에 "한국 고대사古代史를 생각한다."를 출간하는 대역사大役事를 이루어 냈다. 특히, 인상에 남는 것은 위 책의 머리말에 쓰인 "노구老軀를 채찍질하며 전력을 기울여 이 책을 만들었다."라는 부분인데, 후학들에게 더없는 교훈이라 하지 않을 수 없다. 105세에 이 세상을 뜨신 선생은 문자 그대로 수불석권手不釋卷, 책에서 손을 떼지 않는 나날을 보내신 것으로 유명하다.

평범한 노인이 일생을 통하여 연마한 자기의 기술을 활용하여 남에게 봉사한 이야기 한 토막을 소개하는 것이 좋을 것 같다. 충북 보은군에 사는 93세에 이른 S 노인의 이야기이다. S 노인은 그 동안 목공木工으로 생업을 삼아오던 터인데, 본인의 나이가 들자 목공업도 뜻과 같지 않아 일을 거의 파하게 되자, 걸음걸이에 도움이 되게 하려고 스스로 지팡이를 만들어 사용하게 되었는데 생각보다 편리하고 도움이 됨을 알게 되었다. 그러자, 자기의 기술을 살려 지팡이를 만들어 군내郡內의 노인들에게 나누어주는 것이 좋겠다는 생각이 들었다. 결국, 그동안에 4,000여 개의 지팡이를 만들어 보은군과 괴산군청에 전달함으로써 군내의 노인들에게 나누어주도록 한 것이다. S 노인으로서는 앞으로도 그 일을 할 수 있을 때까지는 계속하여 지팡이를 만들어 노인들에게 도움이 되려고 하지만, 지팡이의 원료로 쓸 말라 죽은 주목[枯朱木]을 구하기 힘들어지는 것이 문제라고 하소연하였다.

끝으로, 시니어클럽의 작업장에서 일하며 건강을 유지하고 보람을 찾는 노인의 이야기를 덧붙이고자 한다. 올해에 80세에 이른 J 노인은 시市의 시니어클럽 작업장에서 셔틀콕(shuttlecock)을 검사하여 불량품을 찾아내는 일을 한다. J 노인은 1주일에 세 번, 하루에 3시간씩 시市 시니어클럽의 공동작업장에서 하는 셔틀콕의

검수檢受작업에 종사하며, 한 달에 약 22만원의 보수를 받는다고 한다. J 노인은 "받는 돈은 얼마 되지 않지만, 이 돈으로 손자들에게 용돈을 나누어줄 수 있어 좋다."고 한다. 이곳에서 일하고 있는 노인들은 공통으로 "일을 시작한 후 삶이 즐거워졌다."고 하며, 그와 같은 규칙적인 일이 없는 노인에 비하여 우울감이 낮고, 삶의 만족도가 높아졌다고 한다. 결국, 사람, 특히 노인은 자기가 감당할 수 있는 규칙적인 일을 가짐으로써 사는 보람을 느낄 수 있음을 알 수 있다. "고인 물은 썩는다."는 말도 있지만, 동물에 속하는 사람은 나이와 관계없이 능력의 범위 안에서 움직여야 산다.

정신의학(精神醫學: psychiatry)의 석학인 코헨(Gene Cohen) 박사는 노령의 창조성을 강조하면서, 그의 저서, "창조적인 나이(the Creative Age)"에서 "우리는 우리가 나이 듦에도 불구하고 그 나이로 인하여 지니는 큰 잠재력을 인정하지 않으면 안 된다." 라고 주장하고 있는 것은 노인은 그의 삶을 통하여 얻은 지식과 경험 및 거기에서 우러난 지혜를 통하여 이루어낼 수 있는 일이 많다는 것을 뜻한다고 하겠으며, 이는 나이를 더해가는 노인들에게 커다란 격려가 되는 일이다.

4. 마음 가꾸기

사람이 바라는 것 치고 쉬운 것은 하나도 없다. 정도의 차이는 있지만 바라는 것에 따라 나름대로 꾸준한 노력이 필요하다. 우아하게 나이 드는 일도 챙겨보면 퍽 힘 드는 일이다. 그러므로 우아하게 늙은 노인을 보면 모르는 사람이라도 칭송을 아끼지 않는 것이다.

1) 감사하는 생활:

우리의 매일의 삶을 살펴보면 '나' 혼자의 힘으로 이루어지는 것은 거의 없고, 대부분이 헤아릴 수 없이 많은 사람은 물론, 다른 동물과 식물 그리고 대기 중의 입자와 에너지 등 수 많은 것으로부터 알게 모르게 도움을 받음으로써 삶을 이어오고 있다. 그런데도 많은 사람은 겉모습이나 결과만 보고, 자신의 삶은 오로지 자기가 힘들게 이루어낸 노력의 결과만인 것으로 속단함으로써 자신의 삶이 있게 한 이웃의 고마움에 감사할 줄을 모른다. 우리는 생활을 계속하는 데 있어 매일 세 끼의 식사를 하지만, 밥상에 오르는 것으로 밥과 김치를 빼놓을 수는 없다. 우선, 이들 두 가지만 간단히 살펴보기로 한다. 먼저, 밥은 쌀이 주원료인데, 쌀은 어떻게 해서 우리가 밥을 지을 수 있도록 부엌에까지 왔는지를 보자. 겨울이 채 끝나기도 전 봄기운이 돌기 시작하면 농부들은 겨우내 잘 간수하였던 볍씨를 가려 물에 약간 불린 다음 묘판苗板을 만들어 파종하여 가꾸는 한편, 논에 못자리를 만들고 물을 대는 등 부산해진다. 묘판의 모가 약 10여cm 정도로 자라면 정성 들여 손질을 하여놓은 논에 모를 내고, 그 모가 잘 자랄 수 있도록 잡초를 뽑아내고 적당히 물을 대며 김을 매는 등으로 농부들은 한여름 내내 땀범벅이 된다. 삼복三伏을 지나면서 충실하게 자라 탐스러운 벼 이삭이 익어감으로써 가을바람과 함께 황금 들판을 이룬 논에서는 추석 무렵부터 농부들의 추수 몸놀림이 바빠진다. 추수된 벼는 도정 과정을 거치면서 쌀이 되어 마침내 몇 단계인가의 유통과정을 통하여 우리의 부엌에 놓이게 되는 것이다. 우리 밥상의 감초격인 김치의 원료인 배추나 무와 고추 및 소금의 경우도 크게 다를 것이 없다. 그러니, 밥 한 수저와 김치 한쪽이 우리 입에 들어오기까지 얼마나 많은 사람의 노고와 많은 시간이 얽힌 것인지를 짐작할 수 있게 한다. 어디 그뿐인가? 햇볕과 적당한 양의 비는 물론, 식물이 자람에 필요한 온도와 적당하게 불어주는 바람 등 자연의 도움이 필수적임도 놓칠 수 없는 부분이다. 이와 같이 살펴내려 간다면 우리의 삶에 있어 감사의 대상이 아닌 것은 아무것도 없다고 해도 과언이 아니다.

우리가 미국이나 서구 선진국을 여행하면서 가장 많이 느끼는 것 가운데 하나는 그들은 '감사합니다.'와 '미안합니다.'라는 말을 거의 입에 달고 사는 것 같다는 점이다. 그에 비해서, 우리는 감사하다거나 미안하다는 말에 매우 인색하다. 물론, 서구 사람들이라고 해서 모두가 깊은 감사의 생각을 가지고 마음에서 우러나 '감사하다.'라거나 '미안하다.'는 말을 하는 것은 아닐 것이다. 그것이 생활화되다 보니 습관적으로 그러한 말이 자연스럽게 나올 수도 있을 것이다. 반대로, 우리의 경우에는 반드시 감사의 생각이 없어서 보다도 익숙하지 않아 자연스럽지 않고 쑥스러워 언뜻 입에서 그러한 말이 나오지 않을 수도 있을 것이다.

"습관은 마음을 움직이고, 마음은 행위를 불러낸다."는 말이 있지만, 모든 행위는 마음에서 우러나는 것이다. 그래서 화엄경에서는 "모든 것은 마음이 만든다[一切唯心造].'라고 한 것 아닌가! '감사하다.'는 말을 함으로써 자기도 모르는 사이에 '감사함'을 느끼게 되고, 감사함을 느끼면 결국 감사한 마음이 들게 된다. 최근 뇌신경과학의 성과에 의하면 실제 생각과 관계없이 감사하다고 말함으로써 뇌에서는 감사를 느끼는 긍정적인 작용이 일어난다고 한다. 잘 생각해 보면 우리 주변의 모든 것이 감사할 일들이다. 자기는 논 근처에도 가보지 않아 논에서 자라는 벼를 본 일도 없이 '쌀나무'를 이야기하면서, 좋은 쌀을 구하여 하루 세끼 밥을 먹을 수 있고, 많은 돈을 주고 산 것이기는 하지만 만일 자동차공장에서 많은 근로자가 땀을 흘려가며 자동차를 만들어내지 않았던들 제아무리 많은 돈이 있어도 자동차를 살 수 없을 것이며, 방풍防風과 방한防寒 효과가 뛰어난 섬유로 만든 겨울옷을 만들어냈기에 추운 겨울에도 큰 탈 없이 활동할 수 있음은 물론, 햇볕과 물 및 공기 등 모두가 고마운 것뿐이다. 거기에 비하여, 자기가 일생을 살아오면서 남이나 다른 것을 위하여 얼마나 도움을 주었는지를 생각해 본다면 고개를 갸우뚱거리지 않을 수 없을 것이다. 그러니, 참으로 감사하는 마음을 가지고 여생을 살아갈 일이며, 그럼으로써 자연히 마음이 넉넉해지고 삶을 이어가는 값진 의미를 알게 될 것이다. 좀 쑥스러운 일이나, 참고로 필자가 나의 이야기 한 토막을 하고자 한다. 필자는 별 탈 없이 하루를 보내고 편한 잠자리에 들면, "오늘 하루도 잘 지내고 편한 잠자리에 들게 된 것을 감사합니다"라 하고, 새벽에 잠에서 깨어나면 "오늘도 다시 눈을 떠 세상의 아름다움을 보면서 대기를 숨 쉴 수 있게 된 것에 감사합니다."라고 마음속에서 감사의 뜻을 표한다. 가까운 친지 가운데에는 "누구에게 감사하느냐?" 라고 묻기도 한다. 그럴 때면 필자는 "모든 것에 감사한다."고 한다.

2) 긍정적인 생각:

긍정적인 생각은 마음을 안정되고 행복한 상태로 이끄는 첩경이다. 사사건건 부정적이고 불평투성이의 마음에서는 평온한 마음이 싹을 틔울 수 없고, 오히려 불안과 고민만 키우게 된다. 같은 일을 놓고도 긍정적으로 생각할 수 있는가 하면, 부정적인 견해를 가질 수도 있으며, 의심을 품기로 들면 한정이 없다. 그런데 통계적으로 보면, 긍정적이거나 부정적인 생각은 사안에 따라 다를 수 있지만, 사고思考의 큰 틀은 사람에 따라 거의 고정적이어서, 긍정적인 생각을 하는 사람은 일반적으로 그 방향을 유지하는가 하면, 부정적인 생각에 젖은 사람은 가능하면 부정적으로 보려는 경향이 두드러진다고 한다. 같은 일이라도 긍정적으로 보면 마음이 편한데, 부정적으로 생각하면 마음이 불안하고 불평이 싹트게 된다.

그러므로 노후에 마음 편히 지내려고 하면 먼저 긍정적인 생각으로 마음의 안정을 도모하는 것이 첩경이라고 할 수 있다. 그러나 사람 가운데에는 선천적이든 후천적이든 부정적인 생각이 몸에 밴 사람도 결코 적지 않다. 그런 사람의 경우는 마음을 조련調練함으로써 긍정적인 마음으로 전환하도록 힘

써야 한다. 프랑스의 세포과학자이자 불교 승려인 매튜 리카르(Matthieu Ricard)가 말한 바와 같이 "사람은 계속 변하는 입체적인 흐름"이어서, 우리의 뇌는 생각에 따라 변할 수 있다.[38] 그러니, 설혹 평소에 부정적인 생각이 많은 사람이라고 하더라도 각자의 생각과 노력에 따라 얼마든지 긍정적인 방향의 사고로 전환할 수 있음을 유의할 필요가 있다.

중국 운문 선사雲門 禪師[39]의 시 호시절好時節이 생각난다.

> 봄에는 온갖 꽃들이 만발하고
> 가을에는 달빛이 좋다.
> 여름에는 시원한 바람이 불고
> 겨울에는 눈이 아름답다.
> 만약 쓸데없는 일이 마음에 남아 있지 않으면
> 그것이 곧 인간의 좋은 시절인 것을
> 春有百花秋有月 夏有涼風冬有雪
> 若無閑事掛心頭 便是人間好時節

---

38) Sharon Begley, Train Your Mind Change Your Mind, 2007, p.9.
39) 운문선사는 중국 불교의 운문종雲門宗의 시조로, 법명은 문언文偃이다.

우리가 추구하는 행복이라거나 편안함이란 어떤 객관적인 조건이나 기준이 있는 것이 아니고, 스스로 느끼기에 달린 것이다. 이 시는 춘하추동 네 계절의 변화를 잘 살펴 감상하고, 그 자연의 변화에 따라 어떤 모습이 됐건 그대로 받아들여 함께 동화되는 것으로 만족을 삼는 내용이다. 한 가지 조건이 있다면 부질없는 일들을 마음에 두지 않아야 하는 것이다. 부질없는 일이란 무엇인가? 사실은 모든 일이 다 부질없다. 따지고 보면 무엇이든 모두 사소하고 하찮은 것이 아니겠는가! 벌써 고인이 되신지, 10년이 된 법정 스님은 생시에 이르기를 "행복의 척도는 불필요한 것으로부터 얼마만큼 홀가분해졌는가에 달렸다."고 하면서, "우리를 행복하게 해주는 것은 주변에 널려있다."고 했다. 문제는 우리가 그것을 알아차리느냐, 무심히 보아 넘기느냐에 달렸을 뿐이다.

미국의 저명한 단편 소설가였던 오 헨리(O Henry)의 이야기 한 토막을 전하고자 한다. 빛나는 명성과는 달리 그는 퍽 불행한 삶을 살다 간 사람이다. 아내와 아들을 일찍 여의고 가난과 외로움과 병에 시달리면서 소설 쓰는 일을 즐기다가 47세의 젊은 나이에 외롭게 세상을 떠났다. 그러나 그의 작품은 그의 대표작의 하나인 '크리스마스 선물'에서 볼 수 있는 것처럼 모두 긍정적이며 인간에 대한 사랑으로 가득 찬 것이 특징이다. 그는 항상 불행 속에서 행복이, 궁핍 속에서 부유가, 외로움 속에서 풍성함이, 그리고 어둠 속에서 밝음이 싹트는 것임을 일깨운다. 오 헨리는 횡령 사건에 휘말려 감옥에 들어간 비운의 절정에서 소설을 쓰기로 마음먹고 그때 실제로 소설을 쓰기 시작하였다고 말하면 믿지 않는 사람이 많은데, 그것은 그의 작품이 일관되게 미래지향적이고 밝음을 주는 내용으로 이루어져 있기 때문인 것 같다. 별은 어둠이 짙은 밤하늘에서 빛나고, 희망은 견디기 어려운 고통의 순간에 마음 깊은 곳에서 싹트는 것임을 알아야 한다.

5. 숙면하기

사람이 건강을 유지하기 위해서 필요한 일이 여러 가지 있지만, 그 가운데에서도 빼놓을 수 없는 것이 잠이다. 특히 어린이와 노인의 경우 잠이 건강에 미치는 영향은 매우 클 뿐만 아니라, 면역력과 체력을 유지하는 데 불가결한 요소로 작용한다. 조사 결과에 의하면 모든 동물 가운데 수면시간을 스스로 조절하면서까지 다른 활동을 하는 것은 인간뿐이라고 한다. 세계보건기구(WHO)는 미국, 영국, 일본, 한국과 유럽의 몇 나라는 다른 나라에 비하여 수면시간이 현저히 짧은데, 그것은 경제성장 속도와 밀접한 관계가 있다는 것을 나타내는 것임을 실증하는 것이라고 밝혔다. 한편, 2014년 OECD 회원국 가운데 노인의 수면시간은 한국이 가장 짧고 프랑스가 가장 긴 것으로 나타났다고 한다. 이는 잠이 수행하는 잡다한 기능, 곧 학습, 기억 및 논리적인 사고 등에 미치는 영향에 비추어 주의 깊게 참고할 일이다.

사람은 잠을 자는 시간 가운데 특히 밤 10시에서 새벽 2시까지의 약 4시간은 숙면을 필요로 한다고 한다. 그런데도, TV나 스마트폰에 매인 탓을 말고도, 평소에 갖가지 원인으로 인하여 싸인 스트레스 때문에 교감신경의 불안정으로 잠들지 못하는 예가 늘고 있다고 한다. 우선, 수면이 부족하면 면역력의 약화에 영향을 주고 백혈구의 활동력을 저하시키는 것으로 알려져 있음을 참고할 필요가 있다. 사람은 누구나 매일 잠을 자야 하는 것이지만, 잠자리를 지키는 시간대는 사람에 따라 다른 것이 사실이며, 이를 아침형(morning type), 저녁형(evening type)과 중간형(middle type)의 세 가지로 나눌 수 있다. 아침형이란 저녁에 일찍 잠자리에 들고 아침 일찍 일어나는 유형으로, 약 40%의 사람이 이에 속한다고 한다. 저녁형은 저녁 늦게 잠자리에 들고 따라서 자연히 아침 늦게 일어나는 유형으로, 약 30%의 사람이 이에 속하며, 나머지 30%는 아침형과 저녁형을 절충한 유형이라고 한다.40) 이들 세 가지 유형 가운데 노인들에게 가장 바람직한 것은 아침형이라는 견해가 많으나, 저녁형인 분이 일부러 아침형으로 바꾸기 위해서 노력할 필요는 없다고 본다. 오히려 추가적인 과학계의 발견에 의하면 '노인은 유소년의 경우와 같이 온 밤에 걸친 수면이 필요하다.'고 한다.

숙면을 위해서는 낮 시간에 햇볕을 받으면서 약 30분 정도의 산책을 하는 것이 저녁의 수면에 도움이 될 수 있다. 수면에 영향을 미치는 호르몬 물질인 멜라토닌은 낮 동안의 햇볕과 연관성이 크기 때문이다. 그뿐만 아니라, 자기 전의 적어도 1시간 전부터는 TV나 스마트폰의 사용을 자제하는 것이 좋다. TV나 스마트폰에서 나오는 전파, 특히 블루라이트(blue-light)는 수면에 영

---

40) Matthew Walker, Why We Sleep, 2017, p. 20.

향을 미치는 멜라토닌(Melatonin)의 분비를 억제함으로써 수면에 방해가 되기 때문이다. 잠을 청하기 위하여 멜라토닌을 복용하는 예가 많으나, 연구 결과에 의하면 멜라토닌이 잠을 자는 데 도움이 될 수 있는 것은 실제로 멜라토닌의 성분보다도 멜라토닌을 복용함으로 인한 플라시보(placebo) 효과가 더 큰 것으로 밝혀졌다고 한다.41) 노인의 경우, 잠과 건강이 서로 유기적인 관계가 있다는 것은 이미 오래전부터 과학자들 사이에 잘 알려진 일이다. 노인의 잠이 부족한 경우에 흔히 볼 수 있는 건강상의 영향은 신체적인 건강의 퇴화, 우울증의 심화, 기력의 저하 및 건망증을 비롯한 인지기능의 저하를 들 수 있다. 위에서도 간단히 언급하였지만, 적당한 운동은 노인의 수면에 미치는 긍정적인 효과가 크다. 이에 관하여 워커(Matthew Walker) 박사는 두 가지 제언을 한다. 첫째로 아침 야외산책의 경

---

41) Walker, op. cit. p. 23.

우에는 색안경(sunglasses)을 착용함으로써 강렬한 아침 햇빛으로부터 눈을 보호하며, 둘째로 일몰 전의 오후에 야외산책을 함으로써 낙조 전의 햇빛에 노출될 기회를 갖되, 이 경우에는 색안경을 끼지 않는 것이 좋다고 한다.[42]

6. 병원과 너무 친하지 않기

노인은 병을 끼고 산다고 할 정도로 크고 작은 병들이 복합적으로 찾아들어 그렇지 않아도 노쇠한 몸의 활력을 떨어뜨림은 물론, 노인의 삶에 괴로움을 가중시킨다. 그래서 12인연에서는 12지의 인연 고리로 노병사老病死, 곧 늙고 병들어 죽음을 한 묶음으로 한 것이라고 하겠다. 병이 나면 병원을 찾아 필요한 진료를 받는 것이 원칙이겠으나, 노인의 경우, 특히 75세 내지 80

---

42) ibid. p. 100.

세 이상인 노인의 경우는 반드시 병원에서의 진료를 최선의 수순이라고 말하기 어려운 측면이 많다는 것은 이미 의료선진국에서 충분히 입증된 일이다.

노인의 병은 면역력의 저하, 장기의 기능쇠퇴 및 골다 공증과 마모 등의 영향과 겹쳐 복합적인 성격이 강한 것이 특징이다. 그렇기 때문에 특정한 한 가지 병에 대한 진료의 경우와는 달리 환자에 대한 신체적 정신 적 부담이 많음은 물론, 진료 자체가 환자의 체력에 미치는 영향이 클 것은 말할 나위조차 없는 일이다. 오늘날 의학은 지나칠 정도로 세분됨으로써 편의성 및 전문성 확보라는 장점이 있는 것이 사실이나, 반면에 노인의 경우와 같이 복합적인 병이 많은 경우에는 오 히려 환자에 대한 부담으로 작용할 수 있음은 물론, 이곳저곳의 전문 과목의 진료와 검사에 응하다 보면 노령의 환자는 지쳐 쓰러지는 꼴이 되기 쉽다. 그런 의미에서, '노인과'를 전문화함으로써 노인병에 종합적 인 대처를 도모할 필요가 있을 것이다.

미국 하버드대학교 의과대학과 보건대학 교수인 가완디(Atul Gawande)는 그의 저서 "인간이기(Being Mortal)"에서 "치료만이 전부가 아니다."라고 단언하였는데, 짤막한 그 말은 여러 가지 뜻을 함축하고 있다. 먼저, 현대의학의 한계성을 냉철하게 지적한 점이다. 곧, 현대의학은 인생의 마지막 단계에 접어든 노인을 위해서는 아직 준비가 덜 되어 있음을 고백한다. 둘째로 노인은 병원의 진료나 입원에 대한 정신적 부담이 큰 것은 물론, 가능하다면 자기의 집에서 가족과 함께 있기를 선호한다는 것이다. 그러면서, 가완디 박사는 "노화와 질병으로 인하여 심신의 능력이 쇠약해져 가는 사람들에게 더 나은 삶을 제공하려면 종종 순수한 의학적 충동을 제한할 필요가 있다. 너무 깊이 개입하여 손보고 고치고 제어하려는 욕구를 참아야 한다는 뜻이다."[43] 깊이 새길 일이다. 거기에다, 병원은 각종 세균이나 바이

---

43) Gawande 저/김희정 역, Being Mortal 어떻게 죽을 것인가, 231쪽.

러스의 집합소라고 해도 과언이 아니다. 병원은 각종 세균이나 바이러스에 감염된 환자들의 출입에 개방된 장소이기 때문이다. 다만, 병원 종사자들은 그러한 환경에서 오랜 기간 근무함으로써 바이러스 등에 대한 내성이 생김은 물론, 주기적으로 예방접종을 하는 것이다. 면역력이 현저히 저하된 상태인 노인에게 병원은 가급적 멀리할 대상이라고 할 수 있다.

7. 죽음을 이해하고 대비하기

노인들은 죽음에 대하여 매우 불안해하는 것이 보통이다. 죽으면 어떻게 되는지? 내세來世가 있다면 나는 죽어서 어디에 태어날 것인지? 내세가 없다면 죽음으로써 모든 것이 끝나는 것인지? 죽으면 과연 금생의 처사에 대한 심판을 받게 되는 것인지? 등 밑도 없고 끝도 없는 의문들이 꼬리를 잇는다. 그러나 사람은 죽지 않을 수 없으나, 미리 죽어본 사람도 없다. 그러니, 죽은 뒤의 일을 궁금해 할 만도 하지만, 그것은 아직 오지 않은 미래의 일이고, 미래의 생각에 빠지는 자체가 벌써 망상妄想이다. 망상일망정 다가올 죽음에 대하여 아는 것이 없으니 불안해 할 만도 하다.

죽음은 퍽 멀리 있는 것 같지만, 그것은 생각하는 것보다 가까이에 있다. 죽음은 남의 일 같지만, 실은 나의 일이다. 죽음이 온다는 것은 틀림없는 일이나, 그것이 언제인지는 아무도 정확히 예측하지 못한다. 그러나 죽음이 올 때는 어떤 권력으로도 그것을 멈출 수 없고, 어떠한 대가로도 팔아넘길 수 없으며, 천하의 아름다움으로도 유혹할 수 없다. 우리는 어떻게 절망이나 두려움 없이 죽음을 생각할 수 있을까? 에티 힐섬(Etty Hillesum)은 "우리는 삶에서 죽음을 완전히 배제하고는 제대로 살 수 없으나, 우리의 삶에 죽음을 받아들임으로써 우리의 삶을 보다 풍부하게 성장시킬 수 있다."

라고 단언하였다.44) 우리의 죽음에 대한 생각은 일상의 삶에 생각기보다 큰 영향을 미친다는 것을 알아야 한다. 어떤 사람은 죽음을 몹시 두려워하는가 하면, 또 다른 사람은 그에 개의치 않고, 죽음에 대한 명상瞑想을 통하여 오히려 그것을 미화하려 한다. 본래 프랑스의 파스퇴르연구소(Institute of Pasteur)에서 세포유전학(cellular genetics) 연구원이었던 리카르 비구(Rev. Matthieu Ricard)는 "죽음을 삶의 한 부분으로 받아들이는 것은 삶을 풍부하게 함은 물론, 쓸데없는 망상으로 우리의 귀중한 시간을 낭비하는 것을 막아 준다. 우리는 모두가 꼭 같이 죽음을 맞이하지만, 각자 저마다의 방식으로 죽음을 맞게 된다.…… 우리는 죽음을 불안해할 필요는 없으나, 적어도 존재의 허무함은 알아야 한다."45)라고 강조한다. 살펴본다면, 우리가 살아 있을 때는 죽

---

44) Etty Hillesum, Etty; A Diary 1941-43, trans. Arnold J. Pomerans.

45) Ricard, Happiness, 2003, p. 254.

음은 아직 오지 않았고, 죽음이 오면 우리는 이미 살아 있지 않은 것이어서, 어차피 삶과 죽음은 서로 만날 수 없는 운명의 것이다. 그러니, 살아 있는 우리는 죽음의 두려움이나 불안에 매일 것이 아니라, 이타적利他的이고 편안한 마음가짐에 집중할 필요가 있다고 하겠다. 아무튼, 노령기는 물론 마지막 순간까지 불안을 걷어내고 안정을 유지하도록 힘쓸 필요가 있다.

나이가 들면 문상問喪을 해야 할 경우가 늘어나며, 그것도 대개 평소에 가깝게 지내던 친지 본인을 위한 문상이다. 우리는 젊어서는 친구 조부모祖父母의 문상을 하러 가다가 중년쯤에는 친지의 부모 문상을 하러 가게 되고, 고령의 노인이 되면 본인의 친구들 문상에 줄을 잇게 된다. 우리는 남의 죽음이나 장례를 통하여 죽음을 더욱 잘 이해할 수 있는 경우가 적지 않다. 그러한 뜻에서 '남의 죽음'에 관하여 간단히 살펴보기로 한다. 사랑하는 사람의 죽음은 회복하기 어려운 충격이 되는 경우가 있지만, 좋은 죽음이라고 해서 반드시 충격적이 아닌 것은 아니기 때문에 죽음을 꼭 심각하게 받아들일 필요는 없다. 오늘날 서구 사람들은 죽음으로부터 눈을 돌리는 것이 예사이고, 실용성과 간소화라는 미명美名 아래 극히 형식적인 장례절차로 모든 것을 끝내고 만다. 우리나라의 경우 또한 죽은 이를 마지막 보내는 길은 매우 간소화되고 상업화됨으로써 으레 장례식장에서 판에 박은 듯한 절차에 따라 매듭지어진다. 물론, 장례식장에서 장례의 경우에도 가족들이 모두 참석한 가운데 망인亡人과 평소에 친분이 있는 승려僧侶나 목자牧者가 주도하는 장엄한 기도의식을 하는 예도 적지 않으니, 그것은 죽음은 두려워하거나 불안해 할 것이 아니라 삶을 둘러싼 자연적인 과정이라는 것을 보여주는 좋은 예라고 할 수 있다.

우리는 사람이 살아가는 과정을 흔히 생로병사生老病死, 곧 태어나 살다가 늙고 병들어 죽는다고 하며, 성주괴

成住壞滅, 곧 생긴 것은 머물다가 부서져 사라진다고 한다. 이는 사람이나 다른 생물이나 물건이거나를 가릴 것 없이 생겨난 것은 일정한 기간 머물면서 각각의 기능을 다 하고 변하여 마침내 사라지는 것임을 보이는 말이다. 결국, 이 세상에 태어난 것치고 영원히 변하지 않고 계속 존재하는 것은 하나도 없고, 모든 것은 시간의 길고 짧은 차이는 있을망정 모두 사라져 본래의 상태로 돌아간다. 물리학의 석학인 미국 컬럼비아대학 브라이언 그린(Brian Green) 교수는 "영원한 것은 하나도 없다. 각 개인의 생명이 유한할 뿐만 아니라, 생명 그 자체가 유한한 것이다. 우리의 분석 결과 이미 밝혀진 바와 같이 우주도 무상(無常: transitory)한 것임을 알게 될 것이다."46)라고 단언한 것에 주목할 필요가 있다. 결국, 사람이 죽는다는 것도 이 세상에 태어났기 때문이다. 태어나지 않았다면 무엇이 죽어 어디로 돌아

---

46) Green, Until the End of Time; Mind, Matter, and Our Search
   for Meaning in an Evolving Universe., 2020, pp. 4, 5.

가겠는가? 애당초 죽을 대상 자체가 존재하지 않기 때문이다. 그러니, 죽음이란 사람으로 태어나 살아왔다는 소중한 보람이요, 삶의 대가인 셈이다.

100세가 넘는 사람이 많아 세계적인 장수마을로 알려진 남미 에콰도르 남부의 빌카밤바(Vilcabamba)라는 계곡마을이 있다. 잉카문명의 요충지이기도 한 이곳에서는 100세를 넘는 사람을 보기가 어렵지 않다고 한다. 이곳의 장수비결이 무엇인지 궁금한 나머지 그 원인을 조사한 사람들이 많은데, 특히 영국의 생화학자 리차드 싱(Richard Synge)은 이 지방의 토양이 항산화 작용을 돕는 강한 성분을 함유하고 있어 거기에서 재배한 농작물이 장수에 기여한 것으로 조사 결과 추정하였다. 그러나 사람이 아무리 장수한다고 하여도 아직 130세를 넘긴 예를 찾아볼 수 없고, 얼마 동안 더 삶을 유지한다고 하여도 결국은 죽음의 길에 들어서게 됨은 불변의 진리이다. 그래서 늙으면 마음을 열고 죽음과 함께 사는 것이 늘그막의 행복한 삶이라고 하는 것이다.

사실, 사람이 살아오는 일생을 통해서 우리는 헤아릴
수 없이 많은 사람과 다른 동식물은 물론 대기 중의
입자와 에너지 등의 도움을 받으며 살아왔고, 그러한
도움 중에는 대가를 치른 것도 있지만 아무런 대가 없
이 받은 많은 합쳐진 도움의 덕으로 지금의 삶이 있다
는 것을 생각하면 그 많은 도움에 오직 감사할 따름이
다. 늙음은 죽음에의 접근을 뜻하는 것이지만, 죽음이
라야 가을이 깊어감에 따라 곱게 물든 단풍잎이 하나
둘 그 나무의 뿌리로 되돌아가는 현상과 비슷한 것 아
니겠는가? 단풍잎이 떨어지는 것을 보면 겨울이 가까
움을 알듯이, 노인이 되어 나이가 더해 가면 죽음이
가까워짐을 느끼게 하는 것이라고 할 수 있다.

여기에 죽음을 제대로 이해하려는 기발한 이야기 한

토막을 소개하려고 한다. 모 대학의 S교수는 정년퇴직을 하자 "삶과 죽음"에 관한 공부를 해보려고 생각하다가 머리를 깎고 강원도 외진 산사山寺에 들어가 공부를 하던 끝에, 책을 펴낼 때마다 장례식을 겸한 출판기념회를 하기로 했다. 살아서 하는 장례식의 초대장을 받은 사람으로서는 황당한 일이 아닐 수 없다. 그래서 장례식 전에 본인에게 그 뜻을 묻자 "삶에도 사계절이 있다고 생각해요. 정년퇴직할 때에 가을이 끝나고 겨울로 들어선 셈이지요. 누구는 '인생은 그때부터'라고 하지만, 그러다 어느 날 죽음을 맞이하게 돼요. 저는 생사문제生死問題를 확연히 알고 가고 싶었습니다." 그러던 중, 약 5년 전에 암이라는 판정을 받았다. 그때 S교수는 "현실을 인정하고, 큰 업業을 하나 떼어낸다고 생각하니 후련했어요. 사람들은 사실 암 때문에만 죽는 것은 아니었습니다." 암에 대한 두려움과 고통 때문에 실제 고통보다 훨씬 더 키워서 고통을 받는다는 것이라고 한다. 많은 노인은 죽음에 대한 막연한 두려움 때문에 정신적인 고통을 받는 예가 의외로 많은 것 같다. 그러나 아무리 죽음이 사계절의 끝자락이라고 하더라도, 그 사계절의 순환이 다 하기도 전에 장례식을 마련하고 초대장을 보내는 것은 과過한 것 아닌지? 의문이다. 왜냐하면, 장례식이란 사람으로 태어나 생로병사生老病死의 순환과정을 마치고 돌아간 분을 위한 관례적인 의식이고, 부고訃告는 장례식에 초대장이라기보다는 고인故人과 평소에 가까이 지내던 친지들에게 그가 온 곳으로 돌아갔음을 알리는 통지서 정도의 것인데, 이를 생시에 미리 한다는 것은 과속過速으로 느껴지기 때문이다. 그러나 '죽음'의 뜻을 이해하고 그에 대한 막연한 두려움을 없애는 것은 필요한 일이다.

죽음에 대하여 이해하고 죽음에 대한 마음의 준비를 하는 것은 그 자체로서 많은 긍정적인 효과가 있다는 것을 보인 연구 결과도 하나둘이 아니다. 참고로 그 긍정적인 효과를 간추려 보면 다음과 같다.

● 욕심이 줄어든다:

죽음을 이해한다면 구태여 재물이나 사회적 지위 등 명예에 관한 욕심을 부려보았자 부질없는 일이라는 것을 알 수 있어서, 스스로 욕심을 줄인다는 것은 매우 자연스러운 일이라고 하겠다. 얼마 전에 고인故人이 된 모 재벌이 남긴 것으로 보도된 글의 "돈이 많은들 무슨 소용이며, 명예 또한 뜬구름 같은 것"이란 표현은 바로 정곡을 찌르는 부분이라고 하지 않을 수 없다.

● 친절해진다:

죽음을 인생의 당연한 하나의 과정으로 이해하고, 자연스럽게 받아들이려는 마음이 마련되면 가능한 한 남에게 친절히 함으로써 남에게 비난이나 원한을 살 일을 피하려는 심정이 될 수 있다는 것은 쉽사리 이해할 수 있는 일이다. 죽은 뒤의 일은 알 수 없다고 하더라도 죽음을 앞두고 가능하면 남에게 척 짓는 일을 피하려는 것은 사람들의 상정常情이 아니겠는가 싶다.

● **마음이 너그러워진다:**

나이가 들어 고집이 세지거나 옹졸해지는 것처럼 보기에 딱한 것도 드물다. 가족이나 친지들이 깨우쳐주려고 하여도 좀처럼 효과가 없다는 것이 문제다. 그런데, 죽음에 대한 관념의 변화가 옴으로써 누가 시킬 것도 없이 스스로 자연스럽게 마음이 너그러움을 보이는 예가 많다는 것이다. 죽음에 대한 불안과 강박관념이 사라짐으로써 자연히 마음의 여유가 생긴 것이라고 할 수 있다.

제6장

노인 문제의 전망

노인 문제의 전망, 삶뿐만 아니라 죽음도 해석의 문제이다. 실제 죽음이 무엇인지는 그 누구도 모른다.
이것이 죽음을 불안하게 느끼는 요소이다.

빌헤름 슈미트

노인 문제는 그것만을 단편적으로 떼어 다룰 수 있는 성질의 것이 아니라, 국민 전체적인 관점에서 살펴볼 입체적인 문제라고 할 수 있다. 왜냐하면 비생산적인 계층에 속하는 고령인구의 문제는 그에 대한 부양을 감당할 생산인구와 밀접한 관계에 있기 때문이다. 경제 활동의 주역이라고 할 수 있는 생산인구는 출산율에 밑받침되는 것이어서 노인 문제는 출산 문제를 도외시하고는 합리적인 답을 찾을 수 없음을 알아야 한다.

I. 고령인구의 급증

고령화 속도는 OECD 회원국에 있어서 거의 공통적으로 가속화의 경향을 보이는 것이 사실인데, 그 가운데에서도 특히 일본이 선도적인 입장에 있다는 것은 이미 널리 알려진 일이다. 일본의 경우 노인의 비율은 이미 1970년에 총인구 가운데 6.9%에 이르러 거의 고령화사회에 이르렀고, 불과 30년 뒤인 2000년에는 17.9%, 2010년에는 22.5%로 급격한 증가율을 나타냄으로써 일본은 이미 초고령사회에 진입해 있다는 것은 주목할 만한 점이다. 그러나 한국의 고령화 속도도 다른 나라에 비하여 비교적 빠른 편에 속하기 때문에 초고령노인超高齡老人의 수도 급격히 증가하는 추세를 보이는 것은 당연한 일이다. 이러한 추세는 약간의 차이는 있더라도 오늘날 선진제국에서 일반적으로 볼 수 있는 현상이라고 할 수 있다. 그런데, 선진 여러 나라에서 근년의 상황은 더욱 낙관을 어렵게 한다. 곧, 의료기술의 급속한 발달은 물론, 갖가지 영상 의료기기의 출현과 다국적 제약회사들의 거대자본을 투자한 신약의 개발로 말미암은 평균수명의 계속된 연장은 경시할 수 없는 일이다. 더욱이, 근년에 들어 예방접종의 보편화와 위생 상태의 향상은 물론, 건강증진을 위한 적절한 운동의 생활화 등은 자연히 평균수명을 높이고 초고령인구의 증가로 이어지는 것임은 엄연한 사실이다. 이와 같이 볼 때, 고령인구의 계속된 증가는 피할 수 없는 현상으로 보인다.

이와 같은 선진 각국에서의 고령인구의 급속한 증가 현상은 자연히 총인구 가운데 많은 비중을 차지하는 노인을 위한 각종 시책을 마련하지 않을 수 없게 하고 있음은 쉽사리 이해할 수 있는 일이다. 그러나 우리나라를 비롯한 각국에서 취하고 있는 노인을 위한 시책이라는 것은 기존 시책의 테두리를 근본적으로 벗어나는 것이라고 하기보다는 대부분이 대중요법적對症療法的인 범주의 것이라고 할 수 있다. 곧, 남의 부양을 필요로 하는 노인을 위한 장기요양제도와 개호제도介護制度, 노인의 건강관리를 도모하기 위한 보건의료제도 및 건강 상태가 비교적 양호한 노인의 근로 기회 등과 같은 것이 중심을 이루고 있음을 알 수 있다. 그러나 평균수명의 계속된 상승과 뒤에서 보는 바와 같은 출산율의 저하는 인구분포의 구조적 변화를 불가피하게 하는 것이어서, 고령인구 만을 염두에 둔 고식적姑息的인 접근방법(approach)으로는 합리적인 대응을 기대하기 어렵다고 하겠다.

II. 인구 감소의 경향

오늘날 위에서 본 바와 같은 노인 인구의 급증과 맞물려 고조되고 있는 문제는 신생아 출산율의 저하로 인한 인구감소상태이다. 신생아의 수가 매년 감소되는 경향을 보이는 것이 우리나라나 이웃 일본만의 문제가 아니라, 선진 여러 나라에서조차 일반적으로 볼 수 있는 현상이 되고 있음을 주목하지 않을 수 없다. 근년에 들어서 전자기기(ICT)의 급격한 발달과 여성지위향상에 힘입은 여성의 사회진출, 특히 취업이 활발하여진 것과는 달리 청장년층의 취업률은 부진을 면하지 못하고 있고, 가정을 꾸리는 경우에 예상되는 생계비의 부담은 자연히 만혼晚婚 내지 결혼 기피 현상으로 이어지며, 결혼하는 경우에도 극도의 산아제한으로 이어지고 있는 실정이다. 결국, 현실적으로는 비싼 주거비와 생계비 및 자녀의 양육비와 교육비 부담은 물론, 육아에 따른 여러 가지 부담은 결혼 내지 출산을 회피하는 요인의 중요한 부분으로 작용하고 있는 것이다. 그러니, 신생아의 수는 급격히 감소되지 않을 수 없음을 부인할 수 없다.

혼인의 포기 내지 만혼晚婚의 경향이나 출산율 저하의 근본 원인은 여성의 지위 향상과 사회적 관념의 변화에서 엿볼 수 있다. 1970년대 말엽 내지 80년대 중엽 정도까지만 해도 20대에 이른 남녀는 으레 가계의 승계를 당연한 의무로 여기는 것이 보통이었기 때문에, 조기 결혼에 조기 출산이 사회적 관행으로 인정되었다고 해도 과언이 아니다. 그러나 여성의 사회적 지위 향상은 여성이 자신의 사회적인 성공이나 자아실현自我實現을 결혼이나 산아에 우선하는 덕목으로 여기게 함으로써 가족중심적(familistic)인 사고에 커다란 변화를 가져오게 되었다. 결국, 여성의 사회적 욕구와 위에서 본 바와 같은 현실적인 부담이 결합하여 만혼과 출산율의 저하라는 현상을 빚어낸 것이라고 할 수 있다. 현 인구를 유지하려면 합계출산율이 2.1% 선을 유지해야 하는데, 우리나라의 출산율은 이미 1987년에 1.53%로 저하하였고, 2015년에는 1.26%로, 2018년 잠정집계에는 0.98%로 급격한 저하를 보이게 되었다. 이와 같은 경향은 앞으로도 계속될 것이며, 이는 비단 우리나라에서만의 일이 아니라, 선진 제국에서 일반적으로 볼 수 있는 현상이라는 데에 문제의 심각성을 엿볼 수 있다.

III. 인구감소와 고령 인구 증가에의 대응

고령인구, 특히 초고령은 80세 이상의 노인층을 가리키는 것이 일반적이기 때문에, 초고령인구의 급속한 증가는 근년에 들어서 신생아 수의 감소 경향과 맞물려 국가적인 관점에서 해결하지 않을 수 없는 중대한 사항임을 지적하지 않을 수 없다. 한편에서는 신생아 수가 감소하고, 다른 한편에서는 초고령인구가 급격히 증가한다는 것은, 노동생산력은 감소하는 반면에, 부양을 필요로 하는 인구의 증가라는 반비례적인 불균형의 원인이 된다는 것은 쉽사리 이해할 수 있는 일이다. 특히 국가 경제의 유지와 부양대상 인구를 위한 가용인구의 상대적인 감소는 결국 국가 전체의 부담을 증가시키게 되는 것이어서, 가용노동력의 증가와 생산성의 극적인 향상이 뒤따르지 않는다면 국가의 장래 자체가 암담해지는 위험에 노출될 우려도 없지 않다. 여기에 초고령사회가 안고 있는 문제의 심각성을 엿볼 수 있는 것이다.

위와 같은 신생아 수의 급격한 저하로 인한 인구감소는 어쩌면 고전적 자본주의경제체제, 특히 정보화사회가 불러온 자연적인 현상일지도 모른다. 곧, 자본주의경제는 가족제도나 단체적 관념보다는 개인의 능력이 밑받침되며, 가족적인 유대보다는 금전[資本]이 중요한 몫을 차지한다. 이러한 측면에서 볼 때, 자본주의는 역사적으로 가족이나 인연을 연줄로 하는 관계를 중시하는 동아시아권 보다는, 개인주의(individualism)에 밑받침된 서구사회에 더 적합한 제도인지도 모른다. 아무튼, 출산율의 저하는 얼만 간의 출산장려금이나 출산 내지 육아휴가 정도로 해결될 수 있는 문제는 아닌 것 같다. 인구감소를 불가피한 현상으로 받아들이면서, 그에 대응할 새로운 시각의 시책, 곧 관념의 전환이 요구된다고 하겠다. 곧, 혼외 자녀를 부도덕한 산물로만

볼 것이 아니라, 그 아이도 엄연한 국민이요, 인권을 누릴 사람임이 틀림없다면, 인간답게 처우함으로써 그에 대한 법적 차별을 없애고, 주거의 규모를 핵가족에 부합되도록 제한하며, 카-쉐어링, 오피스-쉐어링과 같은 '함께 쓰기(sharing)' 제도를 폭넓게 인정함은 물론, 재택근무를 광범위하게 활용하고, 영재교육을 통하여 양보다 질을 추구하도록 제도화할 필요가 있다고 본다.

Ⅳ. 세대론의 극복

1. 세대 사이의 알력

앞에서 살펴본 바와 같이 고령인구의 증가와 신생아 수의 급감을 비롯한 청년들의 취업난과 노인을 위한 돌보기 일감 마련을 위한 정부의 시책 등 현상은 세대 사이의 알력이라는 새로운 사회문제를 불러오게 되었다. 근년에 들어 취업난에 시달림을 겪고 있는 청년층에서는 노인을 비롯한 기성세대를 '꼰대'니, '나이 외에는 내세울 것이 없는 사람들' 등으로 폄하하여 몰아붙이는가 하면, 기성세대에서는 젊은이들을 '세상을 모르는 철없는 세대'니, '부모의 주머니 속을 못 벗어나는 캥거루족kangaroo 族'이라고 매도한다. 필자의 생각으로는 일찍이 경험하지 못한 세대 간의 불목不睦인 것 같다. 우선, 서로 화목하고 존중하면서 이끌고 도와야 할 처지에서 벌어지는 알력이다 보니, 참으로 처참하다는 느낌마저 들지 않을 수 없다. 물론, 청년층으로서는 스스로 경험하지 못한 기성세대의 일이어서 눈앞에 벌어지고 있는 현상에만 집착할 수도 있을 것이나, 기성세대의 입장에서 보면 자기들이 과거에 땀 흘려 이룩해 놓은 성과를 외면당하는 서운함에서 온전히 벗어나기도 힘든 일일 것이다. 사람은 스스로 경험하지 않은 일은 알지 못할 뿐만 아니라, 경험한 '것'만이 진실한 것(reality)[47]이라고 할 수 있다. 이러한 관점에서 본다면 핵가족제에서의 세대론은 어느 정도 예견豫見 가능한 일이라고 할 수도 있겠으나, 핵가족제에서 태어나 성장한 사람이라고 하여 하늘에서 떨어지거나 땅에서 솟아나 홀로 자란 것은 아니다. 기성세대인 부모 사이에서 태어나 그 부모나 조부모의 도움 속에서 자란 것은 부인할 수 없는 엄연한 사실이다. 그럼에도 불구하

---

47) Kodh, Christof, The Feeling of Life Itself, 2019, p. 4.

고 벌어지는 세대론은 오로지 이기적인(egoistic) 입장에서 벌어지는 불행한 현상이며, 오히려 그것을 인기영합적인 목적에 활용하려는 정치인을 경계할 일이다.

아무튼, 눈앞에 벌어지고 있는 현상에만 집착한 나머지 세대 사이의 알력으로까지 발전하는 것은 서로를 위하여 불행한 일임은 물론, 국가적인 관점에서나 사회적인 측면에서도 큰 손실임이 틀림없다.

2. 세대 간 알력의 원인

근년에 들어 세대 사이에 벌어지고 있는 알력의 주된 원인을 간단히 살펴볼 필요가 있을 것 같다. 한마디로 청년층은 청년층대로, 기성세대는 기성세대대로 자기들의 입장만을 지나치게 내세우면서 자기들의 이해에만 집착하는 데에서 오는 결과물이 곧 세대 사이의 알력이라는 현상으로 나타난 것이라고 할 수 있다. 먼저,

대부분의 2, 30대 청년들은 우리나라가 선진국 대열에 발을 내디딘 뒤에 태어나 성장하였기에 적어도 의식衣食에 큰 어려움 없는 생활을 함으로써, 60년대 초반까지 우리나라가 겪었던 경제적 어려움은 남의 이야기 듣듯 하는 것이 보통이다. 거기에, 이미 핵가족화한 상태에서 태어난 세대이기 때문에, 대가족제도에서의 생활 관계에 대하여 잘 알지 못함은 물론, 부모의 과보호 속에서 고등교육과정까지 마침으로써 취업대상 기업의 폭이 좁아진 것도 부인할 수 없는 요인이 된 것이 사실이다.

한편, 기성세대, 특히 1950년대 중반 이전에 출생한 세대만 하여도 일제의 식민지 시대, 8.15해방 후의 혼란기와 6.25동란 등의 격랑은 물론, 경제적으로는 초근목피로 끼니를 잇는다는 말이 널리 퍼질 정도로 극심한 경제난을 겪으면서 경제개발에 몰입沒入한 결과 오늘날 보는 바와 같은 경제성장을 이룩해냄으로써 이른바, '한

강의 기적'을 실현한 세대에 속한다. 그렇기 때문에, 그들의 입장에서 본다면 우리 경제성장의 주역이었다는 자부심이 강할 만도 한 일이다. 거기에다, 5. 60대만 해도 내 나이가 이제 겨우 이 정도이고 건강하므로 지금이야말로 제대로 일할 수 있는 때라고 생각하는 것을 당연한 것으로 여기는 것이 보통인 것 같다.

상황이 이렇다 보니, 청년층은 기성세대를 "나이 외에는 내세울 것이 없고, 이미 흘러간 고루한 관념에 집착하고 있는 세대"라거나 "주제를 모르는 꼰대들"이라고 매도하는가 하면, 기성세대는 청년층을 향하여 "고생해보지 않아 철이 들지 않은 아이들"이라거나, "밥도 떠먹여 주어야 먹을 줄 아는 병신들"이라는 비판을 서슴지 않는다. 거기에 표만을 의식하는 정치인들의 포퓰리즘(populism)도 세대론의 확산에 한몫을 단단히 하는 것 같다. 그뿐만 아니라, 걸핏하면 퇴사를 내세우거나, 직장에서 상사가 업무상의 주의를 하면 다음 날 항의해 온 그 사원의 부모가 있다는 말이 있을 정도이니, 참으로 안타까운 일이 아닐 수 없다. 결국, 세대론은 경험부족과 아집 및 포퓰리즘의 합성품이라고 할 수 있겠다.

3. 세대론의 극복

세대 사이의 알력은 누구에게도 도움이 되지 않는 에너지의 낭비에 지나지 않는 일이다. 세대에 차이가 있다고 해도 그들은 모두 우리의 형제자매이자 숙질간이 아니면 조손祖孫의 관계에 있다. 물론, 아무리 가까운 사이라고 해도 서로가 온전히 이해하기는 어려운 일이나, 그렇다고 해도 우리는 서로를 더 많이 이해하고 존중함으로써 서로 화목하게 지낼 수 있도록 노력하는 아량과 지혜를 발휘할 필요가 있음은 물론, 그것은 서로의 노력으로 가능한 일이다. 아무리 세상이 급변하고 세대 사이의 괴리가 크다고 해도 '마음먹기' 하나로 만리장성을 쌓을 수도 있고, 그것을 허물 수도 있다. 붓다께서 일체유심조를 강조하신 참뜻을 되새길 일이다. 모든 것은 마음에서 우러나고, 또 마음이 만들어낸다.

청년층에게 기성세대는 그들의 나이가 더해 감에 따라 원하든 원하지 않든 스스로 맞이하게 될 자화상이라고 할 수 있는가 하면, 오늘의 청년층은 비록 그것이 똑같은 꼴은 아니라 해도 기성세대가 지나온 발자취인 셈이다. 이와 같이 본다면, 세대론은 그 자체가 의미 없는 낭비에 지나지 않는 사치스러운 이야기에 불과함을 알 수 있다. 기성세대는 기성세대대로 스스로가 존중의 대상이 되도록 노력함은 물론, 성장의 길을 재촉하고 있는 청년층에게 귀감이 되도록 힘쓸 일이다. 한편, 청년층에서는 바로 눈앞까지 다가온 AI는 물론, 정보자료산업(information data industry)에 효과적으로 대비할 수 있도록 하는 자기 연마에 힘씀으로써 적어도 10년 앞을 내다봐야 할 것이다. '연緣은 스스로 노력하여 구하는 곳을 찾아간다.'는 말이 생각난다. 영원한 새것은 없다. '새것'이란 '헌것'의 준비단계이고, 오래되었다는 것은 새로움이 낡은 것일 뿐이다. 그래서 새것과 헌것은 연필의 양단과 같은 것이어서, 우리는 그 어느 편에 치우쳐도 안 되고, 모름지기 중도中道를 취할 일이다.

이와 같이 말한다면, 젊은 세대에서는 당장 이의를 제기하고 나올 듯하다. 통계청의 발표에 의하면 2019년 중에 비자발적으로 직장을 잃은 젊은이는 40대가 187,000명, 50대가 302,000명으로 도합 489,000명에 이름으로써 지난 5년 이래 그 수가 가장 많음을 알 수 있다. 40대와 50대는 의욕의 면에서나 체력으로 보나 가장 왕성한 장년층을 이루는 시기이며, 바로 국가발전에 있어 기본적인 동력이 되는 것도 바로 이 세대임은 누구나 아는 일이다. 그런데도 이 세대가 극심한 취업난을 겪어야 함은 국가나 사회를 위해서 커다란 손실임은 물론, 본인들로서도 일할 '때'를 놓지는 안타까움이 이만 저만한 것이 아닐 것이다. 그런가 하면, 정부에서는 노인의 빈곤에 대응하기 위하여 노인 일자리 사업을 적극적으로 추진함으로써 2019년도만 해도 노인들의 일자리는 377,000명이나 급증하는 현상을 보이나, 그 노인 일자리라는 것은 통상 하루에 3시간, 월 10일 정도의 돌보미식 일자리에 불과하여 부가가치의 창출은 애초부터 기대하기 어려운 일이다. 원래, 고용 문제의 정상적인 해결을 위해서는 민간분야인 제조업과 서비스업 등의 일자리 증가에 의존하는 수밖에 없으며, 그러려면 민간기업이 투자를 늘릴 의욕이 생기고, 사업 환경이 좋아지게 함으로써 고용 여건을 자발적으로 향상시키는 것이 첩경이라 하겠다. 그런데도 노인의 일자리를 통하여 고용상태에 대한 착시현상을 꾀함은 오히려 세대 사이의 갈등에 기름을 붓는 격이 되지 않을지 우려하지 않을 수 없다.

청년층과 기성세대는 인생을 구획하는 별개의 층이 아

니라, 사람이 지나고 있는 삶의 과정에 차이가 있을 뿐이다. 청년층에게 기성세대는 자기 스스로 찾아가고 있는 미래의 삶인가 하면, 기성세대에게 청년층은 자기가 지나온 과거의 삶이다. 이와 같이 볼 때, 청년층이니 기성세대니 하고 각을 세우는 것은 삶이라는 것은 고정된 것이 아니라 항상 변하는 것임을 망각한 처사라 하지 않을 수 없다. 청년층은 인생을 앞서가고 있는 기성세대를 존중하면서 그들이 경험한 소중한 삶의 과정을 배울 것이며, 기성세대는 자신들이 지나온 발자취를 밟아오고 있는 청년층을 배려하면서 그들이 삶의 과정에서 터득한 경험을 제대로 물려주는 아량을 베풀어야 할 일이다. 한편, 정부는 오로지 국가적인 이해의 관점에 서서 국가의 발전을 위한 부가가치의 향상을 도모하면서 노인의 복지향상에도 기여할 수 있는 정책을 위하여 힘쓴다면 세대 간의 알력은 스스로 자취를 감추지 않겠는가?

 글을 맺으며

동네 안 이차선二車線의 좁다란 길 양쪽에 알맞은 간격
으로 늘어서서 하늘을 가린 느티나무 길과 제법 큰 은
행나무가 행여 그에 질세라 모습을 뽐내며 늘어선 은
행나무 길을 나는 퍽 좋아 한다. 물론, 마을의 한 부분
처럼 따로 경계도 없이 알맞게 꾸며 가꾼 공원을 빼놓
는 것은 아니다. 도시에 살다 보면 계절의 변화에 둔
한 것이 보통인데, 필자는 다행스럽게도 많은 나무에
둘러싸여 살다 보니 나무들이 미리 계절의 변화를 알
려온다.

잎 하나 없이 죽은 듯이 헐벗어 가지만 앙상하게 남아
겨울의 모진 삭풍朔風을 견뎌내느라 애쓴 나무들은 봄
이 미처 자리를 잡기도 전에 가지마다 새 눈을 장만하

느라 부산해진다. 그러는 사이, 어느덧 봄 햇살이 화창하게 비추면 헐벗은 나뭇가지에 맺힌 새 눈들은 앞을 다투듯 싹을 틔우고, 작년에 자란 가느다란 가지는 봄기운을 풍긴다. 계절 변화의 신비함을 느끼게 하는 대목이다. 봄기운을 채 만끽하기도 전에 어느새 마을 안의 나무들은 제법 모양을 갖춘 새잎들이 바람에 나부끼고, 공원은 신록이 흐드러진다. 그러니, 녹음이 우거지고 매미 소리가 요란할 날도 머지않은 것 같다. 몇 달 전만 해도 추위가 더디게 가는 것을 원망하였는데 어느새 부채를 찾게 되었으니, 시절 변화의 빠름과 신묘함을 느끼지 않을 수 없다. 삼복三伏을 지내면서 부채질 솜씨가 제법 느는가 싶어지자 벌써 며칠 뒤가 처서處暑란다. 처서가 가까워오면 농부의 손길은 다시 바빠진다. 가을 채소를 가꿔낼 밭을 일구니, 처서 전에 파종을 끝내야 하기 때문이다. 봄에 돋아난 잎이나 올해에 자란 연약한 가지들도 녹음이 우거질 때까지는 제대로 모습을 갖추고 나름 구실을 착실히 수행하여 본체인 나무를 키우고 단단히 하는 데 크게 이바지한 것은 물론이다. 그러나 백로白露가 지나고 추분秋分을 넘기기가 무섭게 나무들은 제 몸에서 싹틔우고 길러낸 잎들을 떨어트릴 준비에 분주해지고, 제자리에서 쫓겨날 잎들은 먹이를 제대로 공급받지 못하여 빛깔이 변하기 시작한다. 나무로서는 서글프기 짝이 없는 일이지만, 모진 추위를 견디며 살아남으려니 달리 도리가 없는 것 같다. 그것도 모르고 사람들은 단풍이 들기 시작하였음을 기뻐하고, 아름다운 단풍 구경을 생각하며 미리부터 들뜬다. 농부들의 추수가 끝날 무렵이면 벌써 엽락귀근葉落歸根이 한창이고, 벌써 헐벗은 나무도 드문드문 눈에 띈다. 어쩌다 보니 벌써 한 바퀴를 돌아 지난해의 그 자리로 온 것 같다.

그러고 보니 사람의 일생이라는 것도 크게 다를 것이 없지 않은가? 생겨났기에 자라서 활동하는 사이에 나이 들고, 나이가 드니 노인이라는 칭호가 붙어 죽음이

가까워지고 있음을 암시한다. 사실, 나이가 들었다고
해도 살아오는 동안에 바뀐 햇수에 불과하다. 그러니,
나이라고 해보았자 숫자놀음에 지나지 않는 것이고, 모
든 것은 순환의 테두리를 돌아가는 한 판의 드라마가
아니겠는가? 그래서 생겨났으면 결국 돌아갈 수밖에
없는 일이다. 그것이 어디 나무나 사람만의 일이겠는
가? 우주 만상이 크고 작음이나 생명의 있고 없음에
관계없이 모두 이 테두리를 벗어나지 못하는 것을
…… 우리는 태어났으므로 나이 들지 않을 수 없고,
나이 드니 늙고 병들지 않을 수 없으며, 죽지 않을 수
없다는 단순한 과정을 그저 묵묵히 걸을 뿐이다. 삶이
란 잠시 와 있는 것이고, 죽음이란 잠시 떠나는 것 아
니겠는가? 결국, 모든 것은 홀연히 일어났다가 홀연히
사라지는 것을 ……

● 찾아보기

우아하게 나이 들기

2021년 03월 05일 초판 1쇄 인쇄
2021년 03월 18일 초판 1쇄 발행

지은이 이 상 규
발행인 이 주 현
발행처 도서출판 해조음

등 록   2002. 3. 15 제2-3500호
          서울 중구 필동로1길 14-6 리앤리하우스203호
          전화 022279-2343   전송 022279-2406
          메일 haejoum@naver.com

                                    값 12,000원

ISBN   979-11-91515-01-5 03100